人性與人生

— 跨世紀學與思隨想錄

HUMAN NATURE AND HUMAN LIFE
—A COLLECTION OF PROFESSOR
CHU 'S POINTS TO PONDER

祝 振 華 著

文 學 叢 刊
文史哲出版社印行

國家圖書館出版品預行編目資料

人性與人生：跨世紀學與思隨想錄＝Human nature and human life：A collection of professor Chu 's points to ponder / 祝振華著. -- 初版 -- 臺北市：文史哲, 民 98.07
頁：公分. --（文學叢刊；220）

ISBN 978-957-549-851-1(平裝)

1. 言論集 2.格言. 3.修身

078　　98012005

文　學　叢　刊　220

人 性 與 人 生
── 跨世紀學與思隨想錄

著　　者：祝　振　華
出 版 者：文　史　哲　出　版　社
http://www.lapen.com.tw
e-mail：lapen@ms74.hinet.net
登記證字號：行政院新聞局版臺業字五三三七號
發 行 人：彭　正　雄
發 行 所：文　史　哲　出　版　社
印 刷 者：文　史　哲　出　版　社
臺北市羅斯福路一段七十二巷四號
郵政劃撥帳號：一六一八〇一七五
電話886-2-23511028・傳真886-2-23965656
實價新臺幣二六〇元
中華民國九十八年（2009）七月初版

ISBN 978-957-549-851-1　08220

前言／後語

幼時讀「論語」，老師趙秀才斐然先生特別指示要明「學而不思則罔，思而不學則殆」這兩句話的真義，把它永遠放在心裏，將來才可以做學問。

七十多年後，趙老師的話仍然念念不忘；但是，卻沒有做甚麼學問，只是「一邊求知；一邊思考」罷了。

後來又讀了笛卡兒的一句名言：「我思故我在。」前後相映倒也有趣，難道東西文化本來就是一個東西嗎？

從小我就愛思考。多年以來，無論現實生活如何，我總是勤於思考，因此，根據笛卡兒的看法，我真的是「活在這個世界上的」——一笑！

也因此，這本書也算是「學與思隨想錄」了。

可是，為何說是「跨世紀」呢？

因為：我雖然出生於二十世紀初；卻也趕上了十九世紀的「末班車」，親眼看到「斬首示眾」、男人留長辮子、女人纏小腳、男女授受不親、婚姻完全由父母作主、女孩子不許上學……說不完的十九世紀生活種種，如此說來，我不就是曾經「生活」在十九世紀過嗎？

如今活在二十一世紀裏，回頭看看，合起來不也就是跨「三個世紀」了嗎——一笑！

再說，本書為何叫做「人性與人生」呢？主要是由於人類的一切知識，歸納起來，不外乎探討「人性」與「人生」。此外，似乎沒有別的了。

過去五六十年來，活在這個一方面多采多姿；另一方面多災多難的「大時代」的我這一名最愛探討人性與人生的「終身職學生」，就自然而然，不厭其煩地，把隨感而發的「看法」與「想法」記錄下來，做個紀念。沒想到一寫就是好幾百句，真非始料所及也！善哉！

我的寫作方式，很受英文的影響，只要一句話把意思表達完整，馬上停住絕對不拖泥帶水，畫蛇添足。

可是，我卻發現我國讀者卻不習慣這種「過於乾脆俐落」的表達方式，因此許多人對我的「話」發生了誤解、曲解或不解，真是遺憾。

為了讓讀者「正確瞭解」我，所以才把每句的後面加上註解，這實在是不得已而為之——但願讀者不會「怪我多嘴」、不會是「畫蛇添足」。善哉！

我要特別感謝台北市「文史哲出版社」「敢於」出版「這樣的書」。

中華民國九十七年西元二〇〇八年歲次戊子初夏復健中

草於台灣大屯山腳之「逆風書廊」。祝振華謹識。

人性與人生

目次

人性與人生——跨世紀學與思隨想錄

1 心中沒邪念，世間無淫書！

小時候，跟著大哥福全公上私塾，讀了不少「子曰」。例如：「子曰：詩三百，一言以蔽之，曰：思無邪。」

如今從這句話想出來「心中沒邪念，世間無淫書」，似乎「子曰」沒有白讀。我們讀書是用「心」來讀的；並不是只用眼睛來讀。因此，書中的一切也就與讀者心中的一切發生極為密切的關係，甚至很自然地溶為一體。

如果讀者心中沒有邪念，即令他在讀世人「公認」的「淫書」「肉蒲團」，心中存著因果報應的善良而端正的觀念，也就不會把它看成淫書了。

西哲有云：「你心中怎樣想，你就是怎樣的人。」很有道理。這個道理正可以支持我的理論。

2 消滅一位思想家的生命遠比消滅他的思想容易。

思想家也是一個人；從生理與形相上看，與常人沒有兩樣；因此，如果有人要消滅他，正如消滅一個平常人那樣，倒也容易。

常言道：「人死如燈滅。」思想家死了，也只是滅了一盞燈。

可是，一般人死了，也就一了百了；而一位思想家死了，卻不是「與草木同朽」。思想家的思想是寶貴的；是無價的；也是與天地日月共存的。例如：孔子、孟子、老子、莊子以及其它至聖先賢們，人雖死了，而他們所留下來的思想觀念、人生哲理、卻永遠傳誦下去，總之，思想家有益世道人心的一切思想，誰也消滅不了！

3 不能忍受別離之痛的人，不配享受重聚之樂！

「朱買臣休妻」的故事家喻戶曉，許多人都知道「馬前潑水」的好戲。朱妻就是不能忍耐別離之痛與貧窮的那一段痛苦，所以才不配享受朱買臣的榮華富貴。

相對地，王寶釧就不同，寒窯熬過十八年別離又貧困的苦日子，才有後來，不但享受與薛平貴重聚之樂，也享受了榮華富貴，這兩個故事值得傳下去。除了夫妻，其它親友也是一樣。能忍受才能享受。

4在人生的戰場上，看熱鬧的人多，衝鋒陷陣的人少。不過，打擊士氣的人也夠多！

人活在世上，好比參加了一場漫長的戰爭或馬拉松式的競技！在這個戰場或競技場上，你會發現看熱鬧的人多，而真正由衷地鼓勵士氣的人不多；全力以赴衝鋒陷陣的戰爭，勇士也不多！希望你我是其中之一。

可是無可諱言的，打擊士氣的人卻也夠多！此乃人之常情。萬一你遇見打擊你的士氣的人，你一定要鼓起大勇，完全不在乎他的卑鄙行為，勇往直前，堅持到底才得成功！

5真正的「決心」，只下一次，堅持到底即可成功。

我常常問學生學英語曾經下過多少次決心？有的說下很多次決心、有的說也記不清下過幾次決心了，總而言之，似乎人人都下過不止一次決心——可是，英語學的成績如何呢？說來「慚愧」，學的真好的人不多，這好比戒煙的人，已經戒上百次、上千次，依然未能戒掉！一句話：決心不堅定又不能持之以恆，百事難成，反之，下一次決心又堅持到底，百事可成！

不獨學英語如此，所有的事都必須以決心持之以恆才會成功。

6肥皂可以去污。可是，肥皂一旦沾上沙垢，可就難洗乾淨了。

這是一個既實在又很有趣的問題，也很值得我們玩味！這話是我當年對一些軍中的監察官說的，因為他們的任務是維護軍中廉潔之風，正如「去污的肥皂」，所以他們必須首先「潔身」自好才行。

你我都會具有同樣的經驗：肥皂掉在沙土裏沾上沙垢的確夠你洗的！印度諺語說：「在你指出別人的污點之前，先把你的手洗乾淨。」妙哉！

7國家是個抽象名詞，要靠國民的言行把它具體化。

我們對於一些將要出席國際活動的朋友，祝他們「為國爭光」。因為他們的言行會給外國人一種「具體的印象」。任何人到了外國都成了「國家的代表」，因為「國家」實在只是個抽象的名詞而已，要靠國民的「表現」將「國家」具體化。

美國當局對出國人提出一個忠告：「天下人都在看你！」的確很有教育作用。

8 傳播之難，難在只有對方對傳播內容所作的解釋才算數！

你心中怎麼想，筆下怎樣寫，或是嘴裏怎麼說，都不算數；只有讀你文章的人、聽你說話的人他們對你所寫所說的「解釋」才算數。傳播之難，也就在此——這也正是筆者特地要下大工夫把我這幾百句「話」加以適當註釋的主要原因。因為曾經有不少人對這些「話」誤解、曲解或不解。希望我的「註釋」對你有幫助。

至於閣下如何「解讀」，那就悉聽尊便了。

9 「面子」並非「榮譽」。

天底下的人似乎人人愛面子；人人要面子；甚至有人對你說：「請你給我個面子好嗎？」可是，面子是虛榮，並不是真正的榮譽，這一點認識乃是非常重要的。

真正愛榮譽的人，必須埋頭苦幹，才德兼修，假以時日，一定可以獲得社會的肯定，這才算是真正的榮譽。

10 長篇大論無法把錯綜複雜的問題一語道破。

我在中國大陸上先後十五六個年頭（一九九一—二〇〇六）見聞不少，撰寫了一部「從中國大陸看大陸中國」之外，還有許多有趣的發現，例如大陸文人愛寫「長篇大論」，就連一家小公司或是地方上的一個小單位的「告白」或「告示」絕大多數是「洋洋大觀」——後來我讀了馬列的東西，才找到「長篇大論」的「源頭」，原來馬列二人一個比一個「笨拙」，他們把一個簡單的問題說過來，說過去，永遠說不清楚！大陸學者受了這種強烈而持久的「暗示」，寫起文章來往往三五頁，只有一個段落，可讀性實在太低了！馬列太害人了！自由世界的中國人有福了，可是自由世界的學者也有長篇大論不知所云的人，人總是人！

11宇宙之間至少有兩種東西永不中立；一是真理；二是良心。

真理就是真理！良心就是良心！這是宇宙之間、永遠堅守立場、不會中立的「東西」。真是幸虧人間有真理也虧得有良心的人維護真理，人類才得以在「人心不古」的天地中得有一片淨土，得一道清流來營養自己的靈魂！

12虛心的人不會心虛。

「虛心」就是「謙虛的心態」，「空間大」才會「容納多」。中國文字多麼美妙啊！「虛心」與「心虛」只不過上下變個位置，它的意思便完全不同了，真是太美妙了——生為中國人，認識中國字，真是三生有幸。

這句話又何嘗不是真理呢？只要你能事事虛心，一定可以不卑不亢，永遠不會「心虛」。虛懷若谷的人到處都受歡迎。

13 能夠做到「只問耕耘，不問收穫」的人，永遠不會患得患失。

「只問耕耘，不問收穫」這兩句話人人會說，可是不見得人人都做得到。許多人在耕耘的同時，多數免不了會盤算著「收穫」，這乃是人情之常。但是，這也是患得患失的一種心態，多數人都會有，所以說患得患失也就成了人之常情。而人之常情乃「常人」之情；如能突破它，真正做到只問耕耘，不問收穫的話，也就不患得失，自然成了「非常人」。

14 勞碌命，真受用；不求人，少生病！

你聽說過有的人因為太忙而沒有時間害病的嗎？這話並非笑話，而是千真萬確的實話。在我們的左鄰右舍中，不乏這樣的人，我家對門陳家老太太就是一位代表人物。她起早睡晚，從來沒有看見她閑下來過。陳老太太走起路來總是「小跑」，一年四季沒生過病，真是老天保佑！

有人說：「病是懶出來的。」這話不無道理。

勤勞的習慣對任何人都好，勤勞的人很少求人也是他得天獨厚的地方。

15 常人習而不察之處，正是哲人注意的焦點，因此只有哲學家能夠將錯綜複雜的人生一語道破。

「習而不察」乃是常人的「通病」，我曾經做過無數次的測驗，學生中間「習而不察」的人至少在百分之九十五以上。

一個人如果做到「處處留心」，不但可以增加常識；而且可以步向哲學家之路。此外農人耕作、漁民撈獲、商人經營，各行有各行的獨特經驗，他們也能夠說出令人深思，發人深省的名言。

16 上帝創造人才；人才重用人才；庸才埋沒人才；奴才打擊人才！

這是我的「人才四論」（姑妄言之！）人才就是具有能力和見識的人，人才都是天生的；

無法培養的人才，也只是「加工」而已。

請各位注意區分「人才」、「庸才」和「奴才」的基本差別，然後看看你自己是個甚麼「才」？然後看你會如何對待「人才！」

17 我沒有見過大智若愚的人；卻見過大愚若智的人。

古今中外才智商高的人越不露鋒芒，所以大家說此等人「大智若愚」。許多人自以為是，自作聰明往往壞了大事，甚至身敗名裂。

活了八十多年，我還沒有見過一位真正算得上「大智若愚」的人；卻見過不少「大愚若智」的可憐蟲。悲夫！所謂「大愚若智」乃是特指一知半解卻動不動就高談論的「真愚」！

18 靜不下來的人不能成大事。

諸葛孔明先生「淡泊名利，寧靜致遠」兩句名言，早已成了許多人的座右銘。可是，真正能夠百分之百做到的人可能不多！所謂「淡泊」就是寧靜而寡慾正如諸葛孔明的人。至聖先師孔子教我們：先「知止──而後能定；定而後能靜」然後能「安」，能慮，一個人能靜得下來，才會思考；思考透澈，才會有所領悟，亦有所「得」也！故曰：靜不下來的人不能成大事也。

19今天的人大致可分為兩類：一類面對現實；另一類面對電視。

面對現實的人自古有之，現在又面對電腦了！而面對電視或電腦卻是現代人的專利（專利說不定也是專「害」哩！），古人其生也太早了。今天有許多人把電視節目無論好壞照單全收，我覺得這些人「最快樂」——對一切的一切，都沒有意見，真正應了我的另一句話：「無知一身輕」。常言道：「無官一身輕。」未必！也許只有陶淵明會如此想。

20聽說蛋黃增加膽固醇而不敢吃蛋的人，好比大腿不美也跟著穿迷你裙的人一樣可笑。

由於「資訊泛濫」，大家隨時隨地都會接觸一些不必要的信息，尤其是與健康有關的。例如大家似乎都知道雞蛋不可多吃。這話當真嗎？不一定吧！我老康最愛吃雞蛋，少則一兩個，最多的一天吃六個，如此吃了八十多年，膽固醇、血脂、血糖、尿糖、血壓……一律正常（根據民國五十五年做的體檢結果）！真正是得天獨厚矣！可是我的一位老鄉卻不能吃蛋，一吃蛋就肚子疼！真正各有造化不同也。再者，奉勸大腿不夠美的女士少穿迷你裙！「藏拙呀！」

21現代人最孝順的兒子，是祖父的兒子。

誰是「祖父的兒子」呀！「父親」是也。我這是諷刺那些一味對孩子溺愛把孩子寵壞了後、孩子不再把他當「老子」的人的！

難怪有人把「孝子」翻譯成「孝順兒子」了！有道理，為人父者應該負起管教子女的重責大任，不可事事依著孩子才是。

22人類因好奇而冒險，因冒險而成就非凡。

最近電視節目中也有了「旅遊探險」（KNOWLEDEGE）。大家都認同「好奇乃是人類的天性」的說法。好奇心使得人類不斷地學習，不斷地探索新的事物，當然也就讓人冒險犯難，以滿足他的好奇心。造物主讓人類的冒險犯難精神得到一件又一件的非凡成就，一次又一次創造奇蹟，真是蒼天不負苦心人——方向正確而又努力不懈，假以時日，總會有所成就。

23做官如登山：向上爬要卑躬屈膝，走下坡要抬頭挺胸，否則，很容易跌倒。

做過官的人，多半都有這種「心得」。我一生不做官，只是冷眼旁觀，似乎看得更清楚！君不見一心一意要做官的人，無不是一身奴才模樣，對上司卑躬屈膝生怕上司不悅，因而丟了烏紗帽或至少無法升遷嗎？一部「官場現形記」道盡了官場醜態。而走下坡的人，如不能抬頭挺胸，就得嚴防有人打落水狗！

24 有目的的航行可以環遊世界，無目的的航行可能發現新大陸。

當初哥倫布很可能只管在茫茫大海裏出航再說，去到哪兒算哪兒，不料胡打亂撞竟然發現了新大陸。算他幸運。

可是如今旅遊業空前發達，出發之前無不是旅行社幫你選好若干目的地，你可以週遊世界。而迄今還沒有聽說天下有第二個人哥倫布曾經發現第二個新大陸的！

25 小心那個「話到唇邊留半句」的人！

古聖先賢教我們「話到唇邊留半句」，原本是要大家「謹言慎行」的，倒也無可厚非。少說話少丟人；少說話少闖禍；少說話、少生是非，很好。

可是，如果你所面對的那個人，說話吞吞吐吐，嘴裡一半，肚裏一半，你最好小心為妙！

此人至少不可深交！也許根本就不可能與你深交！

26據說廣東省有句警語：「笑的時候肚皮不動的人最可怕！」

當我聽到這句「廣東警語」時下意識地「實驗」了一次。「結論」是：肚皮不動根本就笑不出來——如果非笑不可而又要肚皮不動！那種「笑」乃是「冷笑」、「奸笑」，而非真正的「開懷大笑」。

多與開懷大笑的人來往。謹防「冷笑」、「奸笑」、笑的時候肚皮不動的人！

27最有價值的一句俗語是「俗話不俗」。

「俗話說」這三個字不知道「教育」了多少人！一如「常言道」。

例如：「一個和尚挑水吃；兩個……」諸如此類的「俗語」，仔細推敲的確有道理。「俗語」往往能把錯綜複雜的人生一語道破。請記住：「俗話不俗」。

28語文真巧妙。如果有人問你去不去看某人的畫展？你說：「去看。」或者說：「去看看。」一字之差，差別真夠大了。

說話真乃是一門天大的學問，而且又是人類的真正「終身大事」，不可不研究。這裏的「去看！」是肯定的，而「去看看」就很勉強了。

閣下不妨在遇到類似的情況時，自己做一次實驗，很可能會引起你探討「說話」這門大學問的興趣哩。

29 我最激賞大發明家愛迪生的豪語是：「生前不必多睡，死後可以長眠！」

古今中外，成大功立大業的人，似乎睡眠的時間平均要比「常人」少，而且少得多。富蘭克林也說過類似的話，「年輕人哪！不要睡啦！百年之後有得你睡的！」妙哉！以上這些名言在我「想睡」的時候，真正可以發揮「嚇阻作用」——少睡覺，多讀書！

30 「無聊」就是無人與你聊天。

自從我提出這麼一個「無聊」的「定義」（姑妄言之！）以來，許多好友知音往往在講話中加以「引用」，善哉！

古聖先賢真是聰明過人，他們都知道沒有人聊天的時候真是「無聊」。君不見一對情人聚首時，絕對不會覺得「無聊」，因為談情說愛的人可有得「聊」的了！

31 智者聽當聽的話；愚者聽愛聽的話。

要想知道一個人的智慧高低，可以從他對於別人的「話」如何「反應」——如果此人愛聽他自己愛聽的話，此人肯定智慧不高，甚至於是個「愚人」。

凡是愛聽自己「應當」聽的話的人，多半智慧超人，虛心、冷靜、客觀，可成大器。

32 說話難，難在聽你說話的人不是你自己。

我在軍中常常看到一種現象，那就是「長官訓話」。解散之後，官兵就在背後批評他。這位「長官」的話他的部下根本聽不進去！「訓話」乃是最惡劣的傳播方式。要想說話達到預期的目的，必須先為「聽你說話的人」著想才對，不可盲目「瞎說」——因為對方是另外的人，而不是你自己。

33 廣播與電視是「君子一言，駟馬難追」的「冒險事業」。

當年國立藝術大學的前身「國立台灣藝術專科學校」請我創辦「廣播電視科」並擔任首

任科主任時期，我對學生提出一項「警告」：「廣播與電視是君子一言、駟馬難追的冒險事業」，要他們慎重將事。放風箏，可放可收；「話」一旦「放」（播放）出，連上帝也收不回來！豈可不慎？！

34 一笑勝百補。

常言道：「笑一笑，十年少」。有道理。笑口常開的人總是比較健康而快活的。一個人到了非吃「補品」不可的時候，那就「慘」了，至少他的健康有了問題，至少他快活不起來了！同胞們，笑吧！

35 我在演講的時候，最討厭有人打岔；可是鼓掌與喝采例外。

任何人在發言時都討厭有人打岔！演講更不例外，不過，如果聽從邊聽邊鼓掌、喝采，那就「求之不得」了！

在過去五十多年間，演講是我生命中的重要部分，我力求準備充份，表達得體。如能贏得鼓掌與喝采，那就更好。「多謝各位收聽！」一笑。

36 文明人以理服人，野蠻人以力服人。前者令人心悅誠服，後者令人永遠不服。

人類決勝負的主要武器有兩種：一種是力量，另一種是道理。鬥力是野蠻人的事，講道理是文明人的事。只可惜如今雖然人類大言不慚地說人類已經進入「後科技時代」，而他們用以取決勝負的主要工具仍是「武器」（力）！只有以理服人者才會令人「心悅而誠服」，以「力」服人者永遠不能解決根本問題。

37 說實話的人，用不著自圓其說；所以，不但能夠長話短說，也會心安理得。

如果某人常常向你「解釋」他對你所說的話，那就可能有了問題。而說實話的人有話直說，雖然有時候會有些「忠言逆耳」之「嫌」，可是他卻是個好人，他不必找藉口「自圓其說」！而且，要言不繁，長話短說，乾脆俐落，彼此心安理得，真好。

38 笑口常開可以益壽延年。可是，如果一個人一天笑個不停便成了瘋子。

我曾經聽過一段相聲，說有一個跑堂的青年人，依照老闆的吩咐「見人便笑」，他卻笑過了頭，結果弄巧反拙，客人誤認他「精神有問題」。這當然是笑話，可是笑話如果缺乏「若干實情」是難以令人發笑的。

笑有益健康；不過，必須適可而止——如果你能更進一步在不該笑的時候忍住不笑，你就成了「幽默家」。

39 星際傳播已經不成問題。隔壁鄰居之間的傳播卻成了問題。

傳播工具高度發達，當真一如佛法般地「無遠弗屆」了——可是，雖然是星球與星球之間的傳播已經不成問題；而他球上的人與人之間隔壁鄰居之間的交往可成了大問題。因此，我才寫道：「從前的人雞犬相聞，老死不相往來；如今『音響相聞也老死不相往來』矣，悲夫！

40 噪音是民主政治的背景音樂，聲響效果。暴政之下沒有噪音，

只有一片沈寂，寂靜得怕人。

此地的「噪音」對指民意機構，「口水戰的槍砲聲」。我這些年在中國大陸上療養講學，聽到許多大陸同胞「笑」我們中華民國的民意代表總是在吵架，甚至大打出手。我告訴他們：「這正是民主」也。我反問他們：「你們的人民大會上誰敢吵架？更不要說打架了。」民主的噪音是人間唯一的「良性噪音」。

41無論傳播工具如何發達，商業廣告仍以叫賣為主要方式。所不同的是：從前一聲叫賣祇能傳遍一條巷子，今天一聲叫賣可以傳遍天下。

傳播工具永遠只是「工具」而已！人類利用傳播工具傳播「資訊」（MESSAGE或Information），其方式基本上是「一脈相承」似乎很少改變的，廣告就是一個代表。商業廣告除「平面的」，似乎永遠脫離不了「叫賣式」，文字與圖片只是「無聲的叫賣」罷了！

42從說話去捉摸難以捉摸的人心，用說話來處理難以處理的難題。

一個人從呱呱墜地「哇！」的一聲說「我來也。」到老還要留下遺言，同時人人都要受說話的影響，我曾經提出『說話才是人類終身大事』的說法。我們可以從「說話」的內容、態度、語調……去捉摸難以捉摸的人心！也可以用「說話」來處理難以處理的難題。君不見由來排難解紛必須利用「說話」來進行而完成的嗎？說話太重要，大家想把日子過好，必須慎重說話，要想成大功、立大業，更必須善用「說話」。韓非子「說難」篇，就是討論「說話」這門大學問的，很值得精讀。

再者，男婚女嫁早已不是人類終身大事，因為主張獨身的人越來越多；離婚率也愈來愈高，故也。

43 懶人、壞人與聰明人的藉口最多。

人類是唯一會找藉口的動物，難怪自封為「萬物之靈」了；但不知其它動物是否「承認」。

從前奧國王子接到一項邀請，他不想赴約，便發電報去：「因故不克赴約，敬祈見諒——藉口容後函告。」壞人、懶人和聰明人的藉口最多，這是我多年以來察言觀色的「重要心得」之一。這三類人如果不能按時完成工作就各有藉口。

44 不是能說實話的人不多，而是肯聽實話的人太少。

「忠言逆耳」真是至理名言！實話實在不太好聽，因此許多「明哲保身」的人，很少能說實話的，他們知道肯聽實話的人不多——官場上尤其如此。

45 詞不達意並非由於技巧不夠，而是思路不通。

英國思想家「淮北子」（俗譯懷海德。ALFRED NORTH WHITEHEAD 1861-1947。因為他的名字第二個字是個「北」字，故譯為「淮北子」，以與「淮南子」東西相映，一笑。）說：「思路不通，詞何以達？」（NOBODY HAS A RIGHT TO SPEAK MORE CLEARLY THAN HE THINKS）。這話值得我們三思。在我國古卷中，「論語」、「文心雕龍」和蘇東坡的「答謝民師書」等都值得參考。

46 金玉良言是千錘百鍊的人生至寶。

金玉良言就是傳誦千古的不朽真理，所以其價值之高可與「金玉」相提並論。任何一句金玉良言，都是經過千錘百鍊而且通過長時期的一再檢驗，證明它的實用價值，才會傳諸於世，而且一傳再傳，千古不朽。

例如「寵兒不孝」便是。又如「多行不義必自斃！」也是。「養子不教如養賊」，中外都有類似的諺語也都是經過千錘百鍊的人生至寶，至理名言。

47 說話的態度比用字遣詞更重要。

古時候某地大災荒，飢民之中有一位大學者，他看放賑的人對他說話太不禮貌，他寧肯餓死，也不願吃他的飯，就是一個好例子。（請參閱「禮記檀弓篇」「不食嗟來之食」。）

說話時用字遣詞的工夫要看你的知識學問而定；說話的態度可以看出你的人格修養。

48 「見人說人話、見鬼說鬼話」並沒有錯，看你如何活用。

我的意思是說，你如果是一名外交官，在國際場合，不妨真的「見人說人話，見鬼說鬼話」才會應對自如，你如果「見人說鬼話，見鬼說人話」，那就可能把事情弄糟了！

「運用之妙存乎一心」，這個「原則」也正可以用在說話上。重點在一個活用的「活」字上。

49 小心幽上一默！對一個缺乏幽默感的人幽默，可能招來大禍！

我常常為了對缺乏幽默感的人，幽上一默而讓人罵我「諷刺他」！真是冤枉。

我也發現一種很有趣的現象，那就是：缺乏幽默感的人往往容易害「便秘」——待考！

50 人生的終身大事並非男婚女嫁，而是說話。

我多年以來一再強調說話的重要性。乃是由於自己不會說話，不知道無意間得罪了多少人——誤解我的人！

如今離婚的人越來越多，男婚女嫁成了兒戲，再也不是人類的終身大事了——而人類真正的終身大事乃是說話——從呱呱墜地的一聲「哇！」（表示「我出生了！」到臨終的遺言，一生都在「說話」裏打轉！

51 人云亦云的人很難有創見。

別人說甚麼你就跟著他們也說甚麼，那就有了「拾人牙慧」的嫌疑了，這樣不好。「口頭傳播學」（SPEECH COMMUNICATION）的「五大要義」之首便是「推陳出新」，也可以說是「創意」（INVENTION）。無論演說講話或寫作，必須具有創見，才會引人入勝。

52 演戲與演講不同：前者重模仿，後者重本色。

演戲最重要的是演員必須模仿他所扮演的角色人物，越像越好；而演講卻千萬不可模仿任何人，一定要保持「本色」——你平常是甚麼樣子，走上講台也必須仍是平常的那個樣子才對。否則你的演講肯定失敗！」小心為妙。

53 人的一生受影響最大的是說話。

人的一生受說話的影響最大！

中原諺語：「雨不大，濕衣裳，話不多，傷心惕。」一個人自己說了一輩子的話去影響他人；而他人也說了一輩子的話來影響你，你說「說話」是不是人類的「終身大事」呢？這話可不是笑話啊！請你三思。

54 「真理一張紙，假理萬卷書。」——有此一說！

「言簡而意賅」乃是傳播藝術的最高表現。無論口頭傳播（說）或平面傳播（寫）莫不如此。例如　國父孫中山先生的「建國之首要在民生」，即是一個好範例。當年國父演講「三民主義」就是一個好例子。有人問他究竟什麼是三民主義？國父說：「三民主義就是救國主義。」人人都會聽得明白。真理簡明易懂，假理就大大地不同了。

55 一個人的每一句話，都會成為他的「遺言」，難怪達官貴人在大庭廣眾中說話要「照本宣科」了！

人的一生所說的話，百年之後，一律都會成為他的「遺言」；正如每個人生前所拍的「肖像」，百年之像，都會變成他的「遺像」！這就是人生。

說話「照本宣科」很少「由衷之言」，不聽也罷！

56 當某人對你說「不說也罷！」的時候，你可能不是他的知音。

古人常說「人生得一知音，可以無憾矣！」可見知音之難求，這些話年輕人也許還無法體會出它的重要性，等到上了年紀，你會覺得「年紀越大知心的朋友越少」！那是十分正常的現象。

人有話要說時，最想說給他的知音聽，如果他對你不願多說或者話到唇邊又收了回去說

「不說也罷」，你最好不必多問，「不聽也罷」！

57 電話才是名符其實的「最速件」。

各位想想看，如果你聽見電話鈴響了，你會怎樣？不用說，一定是丟下一切走向電話機接聽——這不正是真正的「最速件」嗎？

不過，如今比電話更是「速件」的乃是電話中的「插播」！科技愈「發達」，人類愈「緊張」！

58 如果有人對你說：「我這一回不騙你喲！」這就是說，他從前真正騙過你——而且這一回也可能騙你。

騙子常說「不騙你」！正如醉漢不說他喝醉了一樣的心態。

這幾句話請你認真參考，大意不得！

59 千萬不要相信動不動就「發誓」的人！

請各位注意一種現象，那就是：忠厚人很少發誓的！由於忠厚的人說話句句實言，根本用不著用「發誓」去證明他的話的真實性。小人就不同了，因為他心虛，明知道別人難以相信他，只好「發誓」了。

60「君子動口」這句話裡的「口」字，在某些民意代表的「字典」裡特指「血口噴人」的「血口」。

中華民國在台灣時期，真是「集天下古今民主自由之大成」，熱鬧非凡！在各級民意代表中「口水戰」此起彼落，從無寧日，血口噴人的事件層出不窮，加上偶爾也動動手，可以算得口手齊發，君子與小人也就共聚一堂了，悲夫！

61愛說髒話的人不是嘴髒，而是心中不潔。

常言道：「狗嘴裏吐不出象牙來。」這話罵人罵的夠俏皮；也不算太髒。內心污濁的人，滿嘴髒話，到處不受歡迎，說話最能表現一個人的教養，要想讓子女不說髒話，為人父母者必須自己先不說髒話。

62當說的話不說，比不當說的話說了更糟糕！

（請參閱「論語」（衛靈公）篇。子曰：『可與言，而不與之言，失人。不可與言，而與之言，失言。知者不失人，亦不失言。』

我們的老祖宗告誡我們：「當與之言而不與之言，失人；不當與之言而與之言，失言。」說話得體、說話適時又適人，實在不易也！所以我們必須「睜大眼，慢張口」，先把當下的人物與情況看清楚之後，再開口才是。

當說的話說了，乃是當仁不讓；不當說的話說了，則是自討沒趣。

63 從言外之意與弦外之音，可以看出說話的功能是「隱藏思想」。

說話本是表達思想的，可是如果加以「深究」，你會發現說話「竟然」也能隱藏思想，造物主造人真是太奇妙了，

中原諺語：「聽話聽音。」這裏的「音」字，正是特指「弦外之音」的「言外之意」。我們聽人說話，最好邊聽邊分析；尤其注意他的絃外之音。才不致受騙。才不會誤解。

64 思路不清的人，口頭禪最多。

我有一名學生，留洋回來，因為有了博士學位就「順理成章」地當上了大學的系主任。

因為我是研究「口頭傳播學」的，所以對於任何人的「說話」非常敏感，莫不加以「研究」。我發現這名「博士」帶有嚴重的「口頭禪」。一再重覆而與說話主題毫不相干的無意中的口頭禪廢話。這種廢話最容易分散聽眾的注意力。

65 天氣預報今後三天的氣溫居高不下，敏感的人會提前出汗。

我十分同情那些凡事敏感的人。他們無論遇到甚麼情況，或是聽見甚麼話，都要比不夠敏感的人反應快速而又強烈。所以一聽到天氣報今後三天氣溫居高不下，難免要「提前出汗」了。

66 動不動就訓話的人，永遠成不了演說家。

我曾經寫過一本書，書名是「成講話隊形集合」，特別提到某些芝麻大的小官，一有機會，就對他的「部下」訓話。

「訓話」說的多半是「情緒的語言」，沒有甚麼可聽的。這類的人永遠成不了演說家是肯定的。因為演說家必須說理智的話，說有價值的話，而且表達得體，讓人心悅誠服。

67 笑話養人，小話傷人。

中國語文真美。

一個「笑」字和一個「小」字發音差不多；而這兩個字所組成的「詞」卻大大地不同！大家聽了笑話哈哈一笑，消痰化氣，延年益壽；而我們一旦聽人說「小話」，心情就完全不同了——小話真的很傷人！

68 笑話並非笑著說的話。

如果你打算對人家說笑話要他笑的話，千萬不可事先強調你的笑話「很好笑」！說笑話的人也更不應該「未說先笑」！

說笑話很不容易，千萬不可掉以輕心！

最困難的是：對西洋人講中國的笑話；對中國人講西洋的笑話！由於文化背景與生活方式的不同，東西方的笑話也就「大不同」。

69 不可把外交辭令當作金科玉律；不妨將金科玉律用作外交辭令。

所謂「外交詞令」，多本只是「說說而已」，很少實質上的意義，可是又不得不說。因此，聽了過後，不必認真。更不可把它當作金科玉律——但是，如果你在外交場合中，把金科玉律用作外交詞令，也許會格外受人歡迎與尊敬。

70 空包彈與空話不會傷人；實彈與實話就不同了。

今天我把「空話」與「空包彈」相提並論，是要大家再一次體會中國文字之美。你我生為中國人，也認識中國字，何其幸也！

我也把「實話」與「實彈」並列目的「同上」。勸君少說空話；勸君慎重說實話。因為天下既心甘情願而又虛心誠意愛聽實話的智者，實在不多。

71 有話才說；長話短說；無話免說。

說話實在不易。看似容易，做起來可真難，例如何時何地該說甚麼話？何時何地不該說甚麼話？何時應該長話短說？何時可以短話長說？何時「無言勝有言」。諸如此類的問題如果加以深入的探討，得出正確而實用的答案，便是大學問。

72 不會說笑話的人說笑話常鬧笑話：不常說實話的人說實話不像實話。

從前我請一位教授演講，他老人家一開頭就想「幽上一默」。很不幸，他的笑話卻沒人笑，我及時為他「解困」，對學生們說：「剛才林教授講的是一個笑話，現在請大家笑笑。」這是一次「不會說笑話的人說笑話真鬧笑話」的真人真事。

不常說實話的人信用不佳，因此，他即令說的是實話依舊「不像實話」——勸各位待人忠厚，樹立信譽！廣結善緣。

73 說話難，言之有物更難。既言之有物，又表達得體，最難。

以演說為例，如果你能夠做到「既言之有物，也表達得體」的話，你就是演說家。君不見廢話連篇的人隨處可見嗎？真正既健談而又言之有物的人實在不多呀！

74 笑話難說；實話難聽。

人人愛聽笑話；但是並非人人都會說笑話。笑話難說，難在幽默風趣，又能掌握人心「善為表達」——而最重要的是說笑話的人絕對不可自己先笑，或是再三強調自己要說的笑話如何如何好笑。

「忠言逆耳」早成「定論」，實話是忠言，所以「難聽」。應慎重才是。

75長舌婦說長道短；貴夫人長話短說。

貴人多事少開「尊」口，此所以「貴人」之所以尊「貴」也。一天到晚喋喋不休的女人，很少看到是貴婦人的！

如果你想把你的女兒培養成為「大家閨秀」，不妨要她少開尊口，至少在非說不可時，一定要能「長話短說」。

76聽你說話的人不一定聽你的話。

我們常常發現「言之諄諄，聽之藐藐」的現象。你可以知道聽你說話的人，不一定你的話。想當年中華民國的老總統將中正介石先生一生訓了不知道多少話。如果當時聽他訓話的人，人人都能聽他的話而遵照他老人家的話一一實踐了的話，中華民國乃至於亞洲史、世界史很可能改寫！「說」與「聽」之間的關係太複雜了。

77錯把「說話的藝術與哲學」視為雕蟲小技的人，多半巧言令色。

說話不但是藝術；更是哲學。因為你一開口，便不自覺地「道出」你的「人生觀」、「價值觀」……這些都可以成為「你的哲學」。

「巧言令色」乃是小人的說話技「巧」，不足取也。奉勸各位，千萬不可小看了說話，要多多充實自己，同時培養「口德」與「好生之德」才是。

78聽眾在你演講時看錶可能有兩種動機：一是生怕你很快就要結束；二是希望你趕緊講完。不過，後者居多。

如果聽眾「生怕你的演講很快就要結束」因而看錶，你的演講已經成功，恭喜你！可是這種機會實在不多——只希望你的聽眾不致希望你趕快下台而看錶。

79別人不相信你所「說」的「未來」；卻相信你所「做」的「過去」。

「過去」的事人人都有一份記錄「可考」，或好或不好，誰也賴不掉。因此新進人員一定得出示「履歷表」，就是要先看你的「過去」。然後鑑往而可能知來。

如果單憑你說「以及會如何如何」，別人未必相信。

80情人聚首時，除了談情說愛，其它的話都是陪襯。

一對情人聚首時，除了談情說愛，還有什麼好說的呢？他們當然不會談起柴米油鹽。如果談起國家大事或世界大事，不過是個陪襯罷了。

81 成功的演說家和作家具有兩個基本的共同特徵；勤於蒐集資料；善於運用資料。

演說家和作家必須勤於閱讀、勤於筆記、勤於蒐集資料，否則總會有「江郎才盡」之日——江郎才盡乃是資料貧乏，並非真的「才」盡，「才」為天生取之不盡越用越多。

82 從兩句話可以看出人類是大言不慚的動物：一句是「人為萬物之靈」；另一句是「人定勝天」。

我絕對不相信「人為萬物之靈」的說法；放眼天下，翻開古今中外的歷史，我們可以說「人為萬物之怪」才對！

「人定勝天」之說真是狂妄！也許這兩句話觸怒了上蒼，所以才天災不斷呢！人，應該痛加檢討了！

83 口號止於智者。

我們都知道「謠言止於智者」。因為智者能明辨是非，他知道什麼是謠言，到了他耳朵後也就停住不再往下傳了——口號是空洞的。智者不會輕信口號，一如他「止住」謠言那樣，他也會「止住」空洞的口號。

84 人類創造語文。可是，語文駕馭人類的能力，卻遠比人類駕馭語文的能力強。

財富是人創造的。可是，財富往往回過頭來左右人。語文真是如此，君不見語文駕馭人類的能力，卻遠遠超過人類駕馭語文的能力嗎？你如不信，寫篇文章，看看究竟。

85 說謊者辛苦——必須不斷找藉口自圓質說，以免被人識破，所以永無寧日。

說謊的人「很辛苦」！為了「表示他並未撒謊」，他就必須找一些藉口，以期自圓其說，如此，也就永無寧日了，豈不辛苦？

如果實話實說求個心安理得，那就可以得到「大自在」。

86 最不會說笑話的人往往一開頭便說：「我要講一個很好笑的笑話。」然後他自己先笑，聽眾卻啼笑皆非！

這種場合在我們中國並不少見，因為真正會說笑話的高手實在不多——「老蓋仙」夏元瑜先生是一位高手。另外當年中華民國四大名嘴之首的孫如陵（仲父）先生也是說笑話的高手，其它二位名嘴是王藍和王大空先生，我老康末座敬陪，名列第「五」——不過，在我對包括北京大學、武漢大學等大陸的二十多所重點大學演講與短期講學之後，他們「封」我「天下第一名嘴」，善哉！主要的原因是，我一不帶講稿，二不取分文！

87 「這位就是大名鼎鼎的某某先生！」這是最令人陶醉的介紹詞。

有一次我應邀到一所大學演講，訓導長向聽眾介紹：「這一位就是大名鼎鼎的幽默大師老康先生！」引起第一波熱烈的掌聲——後來還有多次的鼓掌，使我十分陶醉！那次的演講也相當成功。善哉！可是！我也有「知名度低落的時候」，請你一讀「下一句」。

88介紹詞的長短與被介紹者知名度的高低成反比。

各位可能都看到過，美國總統到國會發表演說時，司儀先生的「介紹詞」只有一句：PRSIDENT OF THE UNITED STATES。因為他太有名，根本就用不著多作介紹。而我老康當年在東吳大學的「哲學週」發表演講時，系主任趙玲玲用了七分鐘的時間把我介紹給她的學生。可以想見我的「知名度」如何的低了！而天下事沒有絕對的好壞，我因而「發明」了這句「名言」：「介紹詞的長短與被介紹者知名度高低成反比。」豈不快哉！

89時下電視劇的缺點是：戲太像戲；話太不像話。

這是我在西元一九七〇年代對一群「編劇人」演講時提出的「警告」與「檢討」。非常不幸的是這種現象到如今（西元二〇〇九年）似乎沒有多少改善！所以我很少看電視劇——中國大陸上的巨型古裝戲例外。韓劇更例外。

90喝酒痛快的人，做人也痛快。醉得也快！

從喝酒與打牌！最能看出一個人的性格。喝酒痛快的人多半為人也痛快——不過有時候

「有膽無量」，容易喝醉。

91 口口聲聲說「我喝醉了！」的人沒有喝醉——也不會喝醉。

這是很普遍的現象。古今中外皆然。

凡是常說「我喝醉了」的人，多半是酒中高手。倒是那些常常說「我沒有醉」的人多半真的醉了！這種人也多半是酒林中的混混兒！

92 「酒逢知己千杯少」是兩個人「談得來」的另一種說法，並非人有千杯不醉的海量。

「談得來」是人與人深交的首要條件，酒逢知己真是人生一大快事，所以「千杯少」也。「千杯」是喝得痛快舒暢，也邊喝邊聊、不知東方之既白，也不覺得瞌睡，活神仙也！

93 把白蘭地拿來「乾杯」的人，根本不會喝酒！

白蘭地是上等葡萄美酒，應該慢慢地喝、細細地品，才會品出它的香醇來，只有不會喝酒的人才把白蘭地拿來乾杯！說句粗話：「烏龜吃大麥——糟蹋糧食。」用這話形容「白蘭地乾杯」，似乎很恰當。

94 小心那個只勸別人喝酒而自己不喝的人！

勸人喝酒他自己都不喝的人多半幸災樂禍，小人也，不可深交。

95 鬧酒的人不配喝酒。

中國人愛鬧酒，中原老鄉尤甚！

我回河南探親，地方人士在酒席上對我說：「咱們家鄉的規矩，先乾白酒三杯再說。」我說：「俺是跑國際江湖的。國際上的規矩是，說不喝就不喝。」我一律用這話應對鬧酒。絕對不讓步！不妥協！不上當！

96 詩人酗酒是「酒仙」；俗人酗酒是「酒鬼」。

同樣是酗酒，其後果卻因人而異：李白是大詩人，酒醉後便成了酒仙；常人喝醉了卻變成酒鬼，奉勸「酒鬼候選人」力爭上游！

97 根據美國警方的統計，中國人酒後駕車的肇事率最低。

中國人真是歷史文化攸久！文明程度「高」，據說美國酒後駕車，警察攔住要他「走直線」，他竟然一步不差，照走不誤一如正常，警察明明測他體內含酒精量過高，而他依然能走直線，洋警官的不得不服也！

不過，筆者當年在加州考駕照時，監考官說：「你們中國人到了加州，車禍『直線』上升！」真慚愧，前後兩個「直線」相映成趣。

98 真正懂得酒道的人，很少跟兩個以上的人共飲。

雖然說「酒逢知己千杯少」，但是由於知己難求，真正把酒喝個痛快，最好是二人（知己）對酌，兩個人以上似乎就嫌「人太多了些」，不知高明意下如何？

99 滿漢全席不宜下酒。

我真的不知道滿漢全席一桌究竟有多少道菜？我只聽說能夠把人吃成「患厭食症。」這種「席」如何能下酒呀？酒道高手莫不以「小菜」佐之！善哉。

100 啤酒不冰，不如喝水！

啤酒冰到「家」十分可口，冰啤酒的口感的確「可口又可樂」，但是我卻看到不少暴發戶（有錢沒教養的人！）一次ORDER一打半打完全不冰的啤酒，一大杯接一大杯「乾」了起來，實在可笑！啤酒不冰，的確不如喝水，不知暴發戶如何想？

101 語言無味，美酒不香。

有一次餐敘，同窗好友看我久久不發一言，覺得奇怪，便問我：「是不是菜味不佳有所不快而不說話？」我說：「不是，而是語言無味也！」

語言無味遠比菜餚無味更令人「倒胃口」也！

102 善飲者有所不飲。

為何善飲者有所不飲呢？這好比君子有所為有所不為一樣，舉凡在人不對、場合不對、心情不對等等的情況中飲酒是不暢快的，所以說善飲者有所不飲也。

103 酒是文化產品；美酒是優美文化產品。

飲食文化是人類文化中的重要部份，凡是在飲食方面很講究的民族，也是文化很發達的民族，我中華民族就是。酒又是飲食文化中的「要角」，沒有酒，飲食文化便會失色，所以美酒就成了優美飲食文化的「主角」了。

104 沒有美酒，難成好事。

中原諺語：「成不成，三兩瓶」就是說，謀事少不了要請客喝上三兩瓶酒，無論事情能否成功都無所謂，「客」是非請不可。

美酒可成美事，酒之為「用」大矣哉！

105 德國軍方把軍官灌醉之後去考核他們的品德。

德國人的教育訓練與考核，都有他所獨到之處，例如德國人考核軍官的方法之一，是故意把他們灌醉，再看他們言行舉止，如醉後未能「保持清醒」者，均不重用，很有道理。

106 飲酒之道，貴在一個「雅」字。

由於酒是飲食文化中的「主角」，所預者必須保持一個「雅」字才會品得出個中好滋味——如不雅此酒不喝罷。

107 大吃大喝的人不諳酒道。

品酒要有「雅興」。大吃大喝多半是粗人。此等人一定不懂酒道，正如不懂茶道的人喝大碗茶。

108 從人民喝酒的人數與習慣，可以看出這個國家的政治現實。

獨裁暴政之下的人民，由於精神上所承苦的壓力太大，而又敢怒不敢言，只好以酒澆愁，所以酗酒的人很多。

109 談不來的人無法共飲。

由於二人「談得來」，才會有「酒逢知己千杯少」的美談，反之，與談不來的人怎能共飲？談不來的人往往會「一見你就討厭！」還能共飲嗎？

110 應酬時不喝酒的人多半是酒道高手。

所謂「應酬」就是人情上「不得不如此」的很勉強的社交活動，在這種場所，不一定會遇見知音好友，所以，酒道高手也就酒興缺缺。

111 酒是「酉時的飲料」，白天不宜飲用。

按照一天的十二個時辰計算，酉時應在晚上七點到九點左右，這個時候吃晚飯時，才喝點酒，應該是有益健康的。準此，白天不宜飲酒也。美國白領階層的人多半知道這個道理。

112 美酒微醉與好花半開最美。

美酒喝到微醉，好比好花開到一半，都是最美的一刻——吾友王教授麥可，卻加上另一「美」：「美女半裸」時，更美了！閣下以為然否？

113 飲酒如戀愛，適可而止最難。

適可而止便是「止於至善」，是待人接物最難掌握的分寸！尤其是飲酒！難怪會有人喝醉！

戀愛更難做到適可而止，難怪普天之下，這麼多的愛情悲劇！

114 公共關係是利害關係。

這是對公共關係的基本認識。

但是由於利害關係，雙方必須團結合作才會「雙贏」；所以這種利害關係正在逐漸邁向道義關係。

115 公共關係是「五倫以外的」人際關係。

基本上說，五倫乃是血緣關係或道義結合，用不著外來的「公關」去促成或維繫；而公共關係是五倫之外的「利害關係」，例如製造商與零售商；老闆與員工；莫不是利害相關。

我的老戰友已故的蔣緯國上將，曾與我辯論，他認為朋友之間需要「公關」。不然，我指的是于伯牙、鍾子期那樣的「真朋友」，不是酒肉朋友，蔣將軍同意我的說法。

116 公共關係有兩大要件：一是產品；二是服務——服務業的「產品」與「服務」合一。

公共關係乃是產業革命後大量生產，大量分配之後應運而生的學科。它的兩大要件一是產品；二是服務。服務業本身是「產品兼服務」，一為二；二合一。此二者的「品質」優良，就是好公關。

117 公共關係沒有啥，說來說去幾句話。

有年夏天我從武漢出境，不料台胞證過期一個星期，按規定罰款人民幣七百元。因為我身上食幣都留給家人了，一時沒法照繳罰款，教導員陳慧芹小姐（少校）大開方便之門，只求我為她講一段「公關」就免了罰款，我順手寫了一首打油詩：「公共關係沒有啥，說來說去句話；話說對了公關好，話說不對公關差。」彼此都做了好公關。

118 「一團和氣」是最佳公共關係。

我曾經大膽地把英文的 GOOD COMMUNICATION 譯為「一團和氣」，當然是有根據的。你看到一個團體的成員大家和樂相處，一片祥和之氣，如果是商店，一定和氣生財！否則，就大大地不同了——我也把「和氣生財」譯成英文：GOOD COMMUNICATION MAKES GOOD FORTUNE。

敢請高明教我！

119 公共關係的「作業程序」是：先安內，後攘外。

推動公關一如治理國家，必須先安內後攘外才行——安內，就是內求團結；攘外就是外求發展。只有內部士氣高昂、一心一德，才有力量向外發展。這個道理是很明顯的。

120 公共關係活動中的兩大利器是：說話與寫作。

公共關係活動，必須經由兩大管道去完成：一是用嘴說的話！二是用筆寫出來的「話」，二者同等重要不可偏廢。

121 公共關係的活動中，沒有所謂微不足道的小事。

越是一般人認為微不足道的「小事」，公關活動中越是要格外注意——倒如送給顧客或自己員工的生日賀卡，雖然看起來似乎是「小事」，如果你把它做好就成了大事——公關正是數不清的一些微不足道「小事」的「總結」，大意不得！

122 良好的公共關係，建立在良好的「私交」上。

這個理論，我曾在西元一九七七年秋季訪問美國加州州立溪口大學時，同九位美國公關教授同台講學，結果在學期終，學生票選我為「第一名」，因為其它八位都是引用別人的理論，只有我這理論是「創新」，是自己的「發明」、「發現」。

「良好的公共關係，建立在良好的私交上。」例如兩個國家的元首與高級官員互訪即是典例。

123 用佛的話說，公共關係的目的就是——廣結善緣。

我把佛家思想用八個字一言以蔽之，曰：「發慈悲心，開方便門」，公關雖是利害關係，但是必須有大愛，加上能予人方便，盡量開方便之門才是正途。

124 「公共關係學」是：「以促進瞭解為基礎，內求團結、外求發

展的管理哲學。」

公關乃是一門管理哲學，超乎「技術」與「藝術」層面。凡「屬人」的必須提升到「哲學層面」，因為它關乎「當家的」（管理階層）人修養問題，不僅是知識或技術而已，三思可也。

125 管理之道，首重管人；管人之妙，貴乎「不管」。

我一再強調：「不管之管」才是無形的最高管理哲學，因為一切的管理必須先把人管好，再讓「人」去管好事業，由於天下人誰也不情願有人管他，所以「管人之妙，貴乎不管。」就是這個道理，不過幹部必須健全才可以「以不管代管理」，也正是「無為而治」也。

126 主管「事必躬親」早已落伍！

事必躬親的主官或主管，最大的問題是他不會運用組織，所以很辛苦，事情未必做得好，TEAM WORK已經是一切事業成功的基礎了，努力呀，如欲成大功、立大業，必須善用你的「隊伍」善待你的「隊友」！

127 誤將宣傳當公關，好比把教條當經典，註定失敗。

宣傳乃是用作推動公關活動的手段之一；卻不可將宣傳取代公關！這一點是極端重要的，可惜許多人誤將公關當作宣傳，誤將宣傳當公關，真是遺憾！

128 不實的廣告會造成最壞的公共關係。

「五倫以外的人際關係，就是公共關係」。這是我在五十年前提出的理論。西元一九八〇年代，中國大陸普遍引用我這理論他們是一九八四年開始研究「公關」的。廣告是公關活動之一種，以實話實說為主，如廣告不實，最能破壞「顧客關係」。

129 企業管理的基礎是先把「人」管好，然後由「人」來管理企業。管「人」的最高藝術是，讓「人」感覺不到有「人」管。

這是由我的「祝氏管理學十六字訣」延伸出來的。這十六字訣是：「管理之道，首重管人；管人之妙，貴乎不管。」「不管之管」才是「管人」的最高藝術，也是管理哲學的最高境界。

130 成人易，做人難。

所謂「成人」係指年滿十六歲准許考汽車駕照；年滿二十七准予吸煙；年滿二十歲，准予進入CASINO；年滿十八擁有選舉權……等等，只要一個人活到這些齡，只須身心健康就算「成人」，倒也容易；而「做人」，卻需要道德學問，就沒有那麼容易了！

131 標新立異有什麼不好？廣告業靠它發財。

廣告手法似乎非得標新立異不可，民國九十二年（西元二〇〇三年）初開始台灣的電視商業廣告似乎「積標新立異之大成」！一家賣口香糖的廣告竟然誇張到嚼他們的口香糖新娘就會大聲說：「我願意……」嫁給喬治為妻！的確，廣告業靠標立異生存與發達！而我國則主張「童叟無欺」。

132 我抽不出浪費時間的時間，所以我不會浪費時間。

凡是飽食終日無所事事的人，一定不知道時間的重要。到頭來一定一無所成與草木同朽！「太多」是浪費之母，空閒太多一定浪費時間而不自知；我生來有敏銳的「時間感」，只覺得時間不夠用，豈敢浪費。

133今天即是今生。虛度今天，就是虛度今生。

昨天已成過去；明天遙不可及；只有今天才是你的。充分利用今天：享受今天，天天如此做，便是充分利用今生、享受人生，如果你虛度今天，你甚麼也沒有了，那就是虛度了今生。

134假如中國人當真只有五分鐘熱度的話，你能堅持到六分鐘便成功了。

誰說「中國人只有五分鐘的熱度」？我很不服氣，因為我已經堅持了七十年的「熱度」果真大多數的中國人，只有五分鐘熱度的話，你只要堅持到六分鐘不就成功了嗎？若讀英文，從未「降溫」。

135每人每天都分到廿四小時，真是天公地道。可是，有的人用不完，有的人不夠用。這種差別往往決定一個人的成敗。

我們說「天公地道」的確很有道理。每天每個人都從上帝那兒得到二十四小時，任何人不能多要，上帝也不會少給，而利用這二十四小時的人卻各有不同，利用或浪費，卻決定你的成敗！

136 時間用一分，得一分；存一分，少一分。金錢恰恰相反。

你賺了多少錢，不算數，看你存了多少才算數。時間不能存，用一分，賺一分，與金錢恰恰相反。

137 一個人睡眠時間長短與他成功的可能性大小成反比。

據說，古往今來，成大功、立大業的人，睡眠的時間平均都比常人少，而且少很多。你不妨觀察一下你身邊的人，或是讀一些名人傳記，看看睡眠時間的長短與他的成敗有無關連？

138 我忙故我在。

笛卡兒的名言「我思故我在」深入哲人之心，我模仿他的話，把「思」字換成「忙」字，有何不可？

笛卡兒說的是（I THINK THEREFORE I AM。我的是I'M BUSY THEREFORE I AM）「人生以服務為目的。」國父已有定論。而西方人也說：「人只有在為社會服務的時候，才體會出人的價值」。讓我們「忙著去服務吧！」

139 充分利用時間就是長壽。

所謂「長壽」並不一定活到七老八十或者更久，有人說：「有些人二十歲死亡六十歲下葬，和「死了」沒什麼兩樣！」

一個充份利用時間的人活五十年，要比一個浪費光陰而無所事事的人活一百歲，實質上還要「長壽」。

140 許多人希望永生。可是，真正得到永生又怎樣去利用它呢？也許「利用」二字應當改成「打發」。

「永生」也許人人希望。但是，得了「永生」又當如何呢？如果依然飽食終日、無所事事，那有甚麼好呢？不如有生之年有所作為。

141「快活」二字十分巧妙。活得快活而短命的人，要比活得不快活而長壽的人有福。

活在世上的人，存在的時間長短與是否快活，似乎沒有一定的關連。因此，真正快活的人就是幸福。無論他活多久，都不重要了，餘事都是「後死者」的感受而已。

142 忙人就是要人。

這句話與前面的「我忙故我在」頗有異曲同工之勢。一天早上，我的大孫女祝笛上班要出門時，嘆了一口氣，說：「忙死了！」她當時是武漢一家頗具規模的制服公司的常務副總經理，我聽了後，脫口而出：「寶貝，忙人就是要人！」試想閑人有一個是重要的嗎？

此語一出，大孫女似乎「開悟」了，馬上「快快樂樂出門」了！善哉！

143 宇宙間根本沒有「時間」這種東西，它只是有「時間感」的人心中的一個概念。對於沒有時間觀念的人來說，時間什麼也不是。

沒有「時間感」的人糊裏糊塗度過一生，也夠「瀟灑」的了！難怪上蒼讓一些具有強烈「時間感」的人成大功、立大業了。真是天公地道。

144 錢多的人用金錢節省時間和精力；錢少的人用時間和精力節省金錢。

君不見錢多的人，搭乘特別快車，搭乘飛機以節省精力和時間嗎？而錢少的人只好坐慢車節省金錢，而付出更長的時間和更多的精力了。奈何！

145 從前的人，早上起床是自己睡醒的；現在的人，早上起床是鬧鐘吵醒的。

今天的人健康似都「都」有問題，是否與睡不好有關？古人自然睡醒，自然睡眠完整而有益健康，今天的人睡前要先服鎮定劑，第二天早上又得用鬧鐘吵醒，怎麼會睡好，睡夠呢？這難道是「進步」嗎？

146 古今往來，成大功、立大業大人，一定也是最能充份利用時間

的人。

民國九十二（二〇〇三年）五月，我已經出版了四十一部「作文簿」，這些文章一律是利用零零星星的時間寫的，即是三、五分鐘，我也可以坐下來寫上百而八十個字，這四十一部著作，就是這樣完成的。雖然迄今沒有成大功、立大業，我卻是「最會利用時間的人」的若干人之一人。古往今來實例夠多，請各位費神從各行各業中去找吧。

147 人管健康，天管壽命。

維護身心健康乃是「人」的責任——重責大任。至於壽命長短，誰也管不了，那是「老天爺」的事，由不得你不信！只要把健康「管好」，餘事就不必操勞了。

148 不必怕老——有些人根本活不到老。

有人怕老，怕人說他老，如果你知道許多人根本活不到「老」，六十五歲以上……自己應該為活到「老年」而慶幸。

如果你活到八十高齡，耳未聾，眼不花，吃喝拉撒睡一切正常，又能啃得動甘蔗的話你可真算有福呀！筆者託天之福正是這樣的一名「八旬少年郎。」日夜感恩，謝天地祖宗！

149老年人唯一的「遺憾」是，再也沒有令人感歎「英年早逝」的機會了。

我最難過的事，就是看到某人「英年早逝」！好友陳寧生博士就是其一，我一直很難過，寧生多才多藝，中英文俱佳，天不假年，實在令人惋惜！

上了年紀的人如果還有「遺憾」的話，那就是無法「英年早逝」賺人熱淚。

150時間就是生命。浪費時間，就是浪費生命。

人生是一段過程，也可以說是一段時間，因此，時間也可以說就是生命。愛惜光陰正是愛惜生命；反之，浪費時間的人正在浪擲生命，這個道理很值得玩味！

151假日：鄉下人進城、城裡人下鄉的日子。

人，真是一種很有趣的動物，鄉下人想進城；城裏人又想下鄉。因此，人類自己就發明許多「節假日」，以便鄉下人進城，城裏人下鄉。真好！

152 今生「夕陽西下」時，正是來世「旭日東昇」的前奏。

這是自然現象的一種。例如航海，當我們這一邊逐漸看不見那遠洋大船之際，不正是對岸的人準備歡迎她即將到來的時候嗎？不必怕生命的「夕陽西下」，因為它是來世「旭日東升」的前奏呀！

153 墮落由懶惰開始。

一個人只要「懶惰」成了習慣，他的前途也就到此為止了。我們不妨說：「懶惰為失敗之母」。真希望這句話能夠「喚起懶人」自立自強，勤快人是不甘墜落的。

154 你得感謝那些自暴自棄的人，他們為你的前途提供無限空間。

請不要輕視那些自暴自棄的人。如果每一個人都像你一樣艱苦奮鬥、全力以赴，你可能必須付出更多更多的努力，才得有所成就——可是，如果你身邊的人有許多是不求上進的人，他們自暴自棄你要同情他們，更要感謝他們，因為他們正好為你提供無限空間，你的成功也事半功倍。

155電視可以測出觀眾的智商，它的公式是：看電視節目時間的長短與智商的高低成反比。

君不見，坐在電視機前把節目不分好壞從頭看到尾的人，多半是識字不多的人嗎？越聰明的人看電視的時間越短，你不妨來個「民調」。

156教書匠教學生如何應付考試；教育家教學生如何應付考驗。

教書匠教書，教育家教「人」。教「人」是全方位的教育與教化；而教書只為了應付考試，只教書不教人的人，不免傷了天良！教育家卻教人如何應付考驗，他的教誨，令人一生受用不盡。

157今天的教育難題是：有些教師的深度不夠，而對學生的成見卻夠深。

深度不夠的各級學校教師頗不乏人！可是越是深度不夠的教師，對學生的成見卻越深。對於口口聲聲抱怨學生不用心聽課的教師，多半應該自我痛加檢討，可能會「找出」學生不用心聽課的真正原因。

158 能將弟子當作子弟的教師，很可能成為教育家。

教育的確是良心事業，如果為人師者「視弟子為子弟」，便是教育家，天下第一等大師。

159 從前的小孩是從泥巴裡長大的；今天的小孩要上全勞作課才有泥巴玩。

五十年前的孩子，很多是在泥巴裏或泥巴附近長大的，而今天的孩子幾乎不知道甚麼是泥巴了，更不知道路上的「泥濘」之苦了。虧得有美勞課，讓孩子們眼界大開也玩玩泥巴！

160 從前的學生求學，現在的學生上學。

「從前」和「現在」似乎「不一樣就是不一樣」了！可是，人仍然是人；禽獸仍然是禽獸！似乎並未改變。而學生是真的不同了：從前「求」學，如今「上」學。「上學」不一定「求」學！「上」學好比「行禮如儀」點到為止。

願天下上學的人都能求學！

161 從前的「讀書人」有學問的多，現在的「讀書人」有學位的多。

傳統的讀書人，多是有學問、兼修道德，今天的讀書人先不談道德連學問也不夠紮實！只是多了個「學位」罷了！由於有「學位」的人不一定有「學問」，難怪「學位」的「行情」江河日下！

162 教育是一本萬利的投資。可是，假如經營不善，至少要賠上兩代人的幸福。

一本萬利正是教育事業之所以既神聖又迷人處。教育工作者辛辛苦苦培育的人才，乃為社會國家希望之所寄。所以「一本萬利」也。但是，經營不善或教學不力而誤人子弟，等於誤人子弟，殺人父兄，至少「賠」上兩代人，豈可不慎？

163 真正的教育家不一定擁有教育學分或學位，只要懂事就足夠了。

「懂事」就是「將心比心」、「推己及人」的意思。例如至聖先師孔子「己所不欲，勿施於人」的哲學正是教人「懂事」，處處為他人著想。教育工作者果如此，也就算得上「教育家」了。

164 從事幼稚教育的人不失赤子之心是難能可貴的。但是，千萬不能幼稚。

當年在家鄉剛興辦「幼稚園」時，有位地方官把它讀成幼雅園，大家傳播很久。從事幼稚教育的人，不失赤子之心，很好，可以和小朋友打成一片。但是可不能太幼稚，幼稚問題就大了，純真可也。

165 人間最持久的香味是書香。

聽說某人出身「書香門第」，似乎就會覺得此人高人一等。這種現象由來已久，應該傳之久遠。「書香」二字很美，而且高雅令人欣賞之餘也肅然起敬！「書香」要比任何的香味更能持久，舍下傳統上有幅春聯：曰：「忠厚傳家遠，詩書繼世長」。書香持久故也。

166 今天高等教育的問題是：大家誤認培養一名醫師要比培養一位教師更費時。

不知道為何醫科大學需要修業七年之久，然後通過考試，可以獲得醫師資格，懸壺濟世。而師範大學的學生只須修業四年，就可以擔任教師。

我認為教師至少應該經過七年的培養方可，難道教師比醫師不如嗎？這個問題今天鄭重提出來請大家思考。

167 讀書最樂——可惜這種樂趣很難普及。

這句話當年在台北東吳大學「哲學週」的系列學術演講時，主辦人系主任趙玲玲博士在介紹我給學生演講前特別引用。並且說：「各位同學自己檢討一下，看看你是否享有讀書的樂趣。」有人說自從有了電視讀書的人就不多了。其實不然。我們不該錯怪電視，遠在電視發明之前，讀書上的人就不太多！

168 讀書防老比養兒防老更可靠。

讀書可以解千愁、消百怨。人到了老年，如能保持讀書的好習慣，而且也擁有讀書環境的話，真有福氣。

如今孩子必須各自為生活與事業忙碌，即令存心要孝敬父母，往往力不從心，難以辦到。

這個時候，還是自求多福還是多多自己讀書的好。

169 能夠引起學生求知興趣的人，便是天下第一等教師。

教育原理中很重要的原則之一是「引起學生學習的動機」。學生有了學習動機，自然願意學習。如能進一步培養學生求知的興趣而且保持下去，就是提供了學習的取之不盡，用之不竭的原動力，能夠做到這一點的教師，便是天下第一等教師。

170 讀書樂——為應付考試讀書例外。

你如果對一群正在為應付考試，開夜車的人強調「讀書之樂，樂無字！」你可能有些不知趣。

這些話最好找幾個愛讀書的人談談，也許可以得到較為愉快的反應。而這些人似乎已經不需要你「多嘴」了，他們老早就在享受讀書樂趣。

171 教書如擠牛奶，濃淡程度端視乳牛的健康與營養而定。

老早就有人把教師教書比作「擠牛奶」。我只是希望這類「乳牛」是健康的，牛奶是養人的！不過，無論怎麼說，身為「乳牛」的教師本身，必須多吃高營養的食物，保持自身的健康才是。

172 教書匠教書；教育家教人。

「教書匠」特指『照本宣科』的教師，他門一離開書本就腦子裏一片空白，兩眼一片漆黑，非常值得同情。而教「人」的教師，往往上課不帶片紙隻字，所有的「學問」全裝在腦子裏「蓄勢待發」。他們是教「人」的大師，他們把學生培植成「經得起考驗的」人材，同時他們自己也會收到教學相長之效。

173 學位與學問不一定成正比。

當我「大器晚成」在五十六歲那年得到博士學位時，突然覺得自己沒學問了，而且生怕別人罵我有博士學位而並非「博學之士」！真的，「學位」與「學問」不一定成正比。至少我會提高警覺，不斷進修，還算能夠聊以自慰。

174 讀書樂，助人更樂。讀書助人與助人讀書最樂。

當我在西元一九九六年從武漢家鄉把我的二孫女祝笙送往美國留學時，快樂無比，深深地覺得「今生不虛此行」！那是我一生最快樂的時刻——我做到讀書助人與助人讀書了。我真感謝小祝笙為祝家爭光，讓我得到真實而永恆的快樂。我萬分敬佩設立獎學金的基金會助人讀書的社會人士，比起他們我自己太微不足道了。

175 無用的知識不是真知識。

真知識必須能用在日常生活中，或用在健康的思維裏。例如健康的價值觀、健康的人生觀皆是。

保健的知識更是真知識，現在的人保健與衛生的意識夠強；可是為「美」與「瘦」，卻產生了若干似是而非的假知識愚弄無知！難怪許多人為了追求「表面美」與減肥受盡折磨！

176 不鼓勵學生發問的教師，最多祇能把他教成半吊子，因為學生祇學，沒問。

我們的老祖宗把知識的「總和」叫做「學問」（LEARNING），真是太妙了！因為「學」是一部分，另一半是「問」。合在一起成為「學問」（TO STUDY AND INQUIRE），缺一不成「學問」。準此，不讓學生發問的教師，只教學生一半所以也就成了「半吊子」學生！

177 有些知識份子說起來滿口都是新字彙，只是缺乏真智慧。

「新字彙」如果「夠美」就好；如果不夠美，那就不好了——許多人學新加坡華語「巴仙」（百分比 PERCENTAGE 或 PERCENT）「泊車」（停車、PARK A CAR 或 CAR PARK），都不美，大可不必學！這種「新字彙」了無「新意」，更談不上智慧了！

178 不要怕徒弟勝過你——教育的目的就是要把徒弟教得比師傅強！

如今許多人引用古文往往不夠完整，例如「青出於藍」，必須加上下一句「而勝於藍」才行，否則就不對了——教育的目的就在於「青出於藍」的下一句「而勝於藍」。學生比老師強教育便成功了，自古就有「有狀元徒弟，沒有狀元老師」的名言。我教書多年，最大的安慰是學生很多比我更有成就。

179 如今父母管教子女，似乎是多管閒事了——這正是社會問題的

根源。

我一看到某補習學校設有「安親班」，不由得替下一代難過！為何自己出錢要別人來「安親」哩？不負責任的人哪！你們的子女已經成為「父母雙全的孤兒」了，你們知道嗎？管教子女是你們的天職，並非「多管閑事」呀！

180 如果有人蓋一座「電腦神廟」，可能香火很盛，他可以用下面的話做宣傳，以廣招徠：「大學聯招，電腦閱卷，拜電腦神，保證過關！」

我突然想蓋一座「電腦神廟」，準備一些籤文，讓打算參加考試前來求神問卜，說不定香火會很盛哩——閣下如有資金，何妨考慮此事？

181 文人出門不帶筆，猶如軍人出征不帶鎗，「遭遇戰」時很難有所「斬獲」。

我出門之前必定帶筆和筆記本或白紙，以備不時之需，因為我多年來習慣了「處處留心」，同時「靈感像地震」般湧出，如不及時記下，事後多半再也想不起來，是大損失。軍人善打「遭遇戰」才會常勝；文人出門帶筆如軍人出戰帶槍作用是一樣的。

182 小時候聽老師說：「兒童是國家未來的主人翁」，不明就裏。如今做了個納稅人，才恍然大悟。

這是千真萬確的現象，所有的納稅人都會同意的。如今納稅人的確是國家的主人翁，稅收健全的國家，沒有不富強的——反之則不然！

183 輕視知識的人，像自命不凡的人一樣，註定失敗！

越是沒有知識的人越輕視知識，不過如果此人真有智慧，也可能比常人更尊重知識。國父孫中山先生說過：「有知識才有學問，有學問才有辦法」。也有人說國父是這麼說的：「有學問才有知識，有知識才有辦法。」無論怎麼說，有了知識學問，總是有用的。自命不凡的人是自大而無知，多半會失敗。

184 孩子們做遊戲，只要有人一哭，就算一局結束，不像成人那樣

呆板，限定時間或分個高下才算一局。

小孩子天真無邪，喜怒都表現在臉上，而大人就不同了，無論甚麼，包括遊戲在內都得有遊戲規則，要大家來遵守。這也正好說明了成年人和年輕人之間的重要差別。

185 標點符號是文字的表情，如果用錯了便表錯情。

「文字」是「死」的，當然不會「表情」。狗也不會表太多情；牠卻會搖尾巴表示友好與歡迎。聰明人發明了標點符號，就讓「文字」活了起來也會表情了——一個問號「？」一個驚嘆號「！」就代替文字表了情，不過使用標點符號可得小心，如果用錯，便表錯了情。

186 萬惡出於無知。

這是「萬般出於學問」「下聯」。當年毛澤東一個人統治十億中國人，使人人自危，惶惶不可終日。尤其是「文革」時期！在在表示了毛的愚民政策成功！所以才把他神化，即令他萬惡滔天，死有餘辜，依然「活在他的部份愚民心中」。悲夫！

187 這真是一個「知識爆炸時代」！難怪無知的人空前眾多。

天地間無論何物一爆炸就完了！「知識」何嘗例外？

「知識」都爆炸了，難怪天下這麼多的人沒有知識，而做一些無知而愚蠢的事，禍延子孫！

188 人生有四樂：讀益書、交諍友、做善事、配佳配。

讀書真樂，所以列為四樂之首。不過要讀真正有益的書。諍友是真正貼心的朋友，勸善規過，患難與共，才是你的良師益友。做善事即會有人說你別有用心，還是應該去做。佳偶難得，得到了就要珍惜。一個人一生能擁有此四者，乃是第一等有福之人。

189 「江郎才盡」是由於他的寫作材料缺乏，並非真的做善事即令有說你別有用心，還是「才盡」而是「材盡」。

我不相信真的「人才」會為「才盡」的一天，我只相信某人蒐集的資料不多，用起來不得不「方恨少」！

任何人只要勤於蒐集資料，「才」是不會「盡」的。

190 戕害子女最有效的方法是從小不讓他們做家事。

當年對一大群台灣省婦女會的「女朋友」演講時，討論了子女教養問題，我到提出我這「論調」，真的「喚醒」了許多「昏睡的媽媽」，事後有幾位聽眾對我說：「祝教授，如果我們在十幾年前聽你這翻話，我們的孩子……。」可惜來不及了！為時晚矣！

191 我不讀刊有許多達官貴人題詞的書。

學生要我推荐讀物時，我就以此為基本原則去選購圖書：凡是刊有許多不相干的達官貴人題詞的書，大可不讀。因為該書著作人，缺乏自信，寫不出有價值的好書。才不得不刻意求這些「貴人」搭救他！

192 「行萬里路、讀萬卷書」這兩句話，已經不能再相提並論了，由於交通工具高度發達，行萬里路回來的人多半依然故我。

從前交通工具不發達，「行」路必須「親自一步一步向前走去」，如此邊走，邊看、邊思考、邊吟誦詩文。如此走一萬里，就真的比得上讀萬卷書。如今萬里之遙只需十個小時的三場電影兩餐飯，也就到了。所以，許多人回來之後依然「原地踏腳」，毫無進步。

193 要想維護禮義之邦的優良傳統，她的國民必須知禮義。

知禮尚義乃是文明人最起碼的修養，可惜如今許多人連這一點也難以做到了，實在「人心不古」了嗎？可是為何那些先進國家的人縱然嘴上沒有說他們是禮義之邦的人，而他們的言行舉止卻真夠「禮」「義」了。

194 想知道某人是否心地善良，看他怎樣對待孩子——別人的孩子。

如果一個人對別家的孩子很親切，很關心，此人一定心地善良。否則的話，此人心地便有了問題。因此，如果人人能夠做到「老吾老以及人之老，幼吾幼以及人之幼」，那就天下一家世界大同了，盼看！

195 自從有了馬列主義邪說之後，「開卷有益」這句話就有了問題。

馬列邪說不但扭曲了人性，也污染了靈魂！從當年中國大陸人民以及蘇聯解體以前的俄國人民的心理狀態，都是可以說明「開卷」不一定「有益」了！所幸蘇聯解體了，中國大陸改革開放了，馬列邪說澈底破產了，感謝上帝，無神論者也製造了「神舟」（中共發展載人太空船，江澤民先生題「神舟」以命名，善哉！

196 兒童的言行並非幼惟，是純真。

幼稚與純真，二者之間的區別，可能只是表達方式之不同或分寸的不一。例如兒童對父母撒嬌，兒童實話實說，就是純真。如成年人「撒嬌」，成年人實話實說，可能就顯得幼稚了。因為「忠言」多「逆耳」嘛。人生在世，言行舉止的分寸把握得好恰到好處誠不易也。

197 在美國，你可以買到，刊載七月的信息、八月間出版的、九月號的月刊。

美國的期刊真是「永遠站在時代的前端」。通常本週六，一定以可以讀到註明下週末出版日期的「週刊」、「時代週刊」（TIME）就是其一。每月月底，一定可以讀到次月號的月刊，例如美國本土英文版「讀者文摘」，我在四月底以前，就可以「讀完」五月號的「文摘」——刊有三月份的「信息」。妙哉。

198暴發户知道的真多。唯一不知道的是他知道的太少！

暴發戶往往「財大氣粗」，似乎「無所不知」，令人厭惡！他唯一不知道的乃是他「所知不多」！

再者，暴發戶由於無知，才誤認「錢」可以買到「知識」，真可憐！

199我沒有見過代溝。如果真有代溝，為何不搭上一座相互瞭解的同心橋把它美化？

我曾經用下面的幾句話形容「舍下」：「三代同堂，代代無溝；四季平安，人人有福。」真是這個樣子。我家祖孫之間沒大沒小，天天笑聲不斷，實在快樂——無論誰家，萬一有條代溝，不妨由長輩們在「溝上」搭建一座「瞭解之橋」將它美化。

200「讀書」與「上學」是兩回事。

真正愛讀習的人，不一定非「上學」不可，任何地方都可以讀書。仔細想想，「讀書」和「上學」的確是，兩碼子事。上學的人不一定讀書；而讀書的人心中有書，更能領會讀書的樂趣，所以無時無地不可讀書。願天下「上學」的人都能「讀書」——教科書與參考書嚴格地說簡直不是書！因為這二者似乎都是應付考試的東西，根本談不上做「學問」。

201 寧肯三餐不繼，不願孤陋寡聞。

我十分敬佩荷蘭神學家、古典學家、人文學家 DESIDERIUS ERASMUS(1465-1536)先生。他的一句名言使我深為感動：WHEN I GET A LITTLE MONEY I BUY BOOKS；AND IF ANY LEFT I BUY FOOD AND CLOTHES。真了不起，他有點錢先買書。有剩下的錢才買吃的穿的。我寧肯三餐不濟也要追求知識，以免孤陋寡聞。我國至堅先賢之中，如顏回杜子美永遠受人尊敬的「寒士」。都是把讀書看得比吃飯還重要的大儒。

202 板著面孔說教的人，註定失敗。

人人討厭說教——由於說教的人多半板著面孔訓話！這種人多半是官僚，道貌岸然，趾高氣揚，很不容易與群眾打成一片！他們不說話則已！一張嘴便要說「教」「訓」人，這樣會讓人避之恐不及，怎麼還能受人歡迎呢？！

203 學校傳授知識，家庭培養人格，相輔相成，缺一不可。

民國九十二年，西元二〇〇三年暮春，我提出「二度啟蒙論」，人類「第一度啟蒙」應該從「胎教」開始到入學之前這一段時間。入學應為「第二度啟蒙」。前者塑造人格！後者傳授知識。二者缺一不可——如今幼兒「入學」太早，難怪「人格素質」教育有待加強了！

204 把一切都為子女準備好的父母，也為他們修好了墓園。

把一切都為子女準備好的父母，也為他們修好了墓園。

西洋人的一句諺語頗耐人尋味：「給子女的越多，給他們的越少。」另有人說，為子女一切都準備好，就是剝奪了他們奮鬥的權利。很有道理。我把這些道理綜合起來，才說出這句「不近人情」的「實話」。請你三思。

205 有生命的愛情得用淚水和心血灌溉，縱然免不了枯萎，卻也曾經活過，其難能可貴也就在此。

有生命的愛情是難能可貴的。這種人間真愛與至愛非得用二人的心血與淚水灌溉不可，縱然免不了也會枯萎，但總是活過。宇宙之間，只有有生命的才會枯萎與死亡。因為是生命，因為本來是活生生的！活過的就可貴。有過生命的就可貴！

206 情侶聚首時所享受的肌膚之親愈多，別離時所承受的切膚之痛愈深！

情侶之間的肌膚之親應該適可而止，以期「止於至善」。但是，往往過度的肌膚之親，不但會暫時使雙方承受別離時的切膚之痛，更可能造成不可收拾的惡果，受害的人就不止於「當事者」兩個人了——這是一個十分耐人尋味的人生大問題，望正在愛河中游泳的人慎重！冷靜！自制！

207 男子成家便有家累，可也有了內助。假如二者兼備，正可說明你是個男子。

所謂「家累」乃是不負責任的話，要不得。家是人類的根據地；成家也就成了建立城堡的大工程。男子有家，也有了內助，才算是個男子漢，希望他也是一位「好丈夫」、「好父親」！

208愛人不求回報才是真愛。真愛不但恆久不渝；而且神聖不可侵犯。

真愛是絕對不求回報的。不過接受真愛的人自己應該知恩圖報，例如母親愛子女是人間第一等真愛，她在把愛全部給子女時，心中根本不會想到要子女回報，而子女本身應該力求回報才是！

母愛恆久不渝，也真的神聖不可侵犯！反之，愛一個人如果求回報，就非真愛。

209找配偶容易，找聊天的人難。

這話一定有人不贊成！因為我們可以隨便找個人「聊天」，而無法隨便找個人結婚！此話有理。

但是，如果仔細探討，要去找一位價值觀、人生觀、富貴觀（姑妄言之！）各方面都很接近而「談得來」的「知己」，實在不易也！而相反地找個人結婚就沒有如此麻煩。只要「兩情相悅」結了婚再說。比起找一位「談得來」的知己容易多了——所以，也難怪離婚率不斷上升了。

210 大丈夫不一定是好丈夫；可人兒不一定是好人兒！

某某人可能是一位「大丈夫」；可是他卻不一定也是一名「好丈夫」。因為「大丈夫」與「好丈夫」的條件是有差別的。同理，「可人兒」與「好人兒」也是不同的，所以二者不可相提並論。

211 愛情與麵包同等重要：沒有麵包活不了；沒有愛情活不好。

這幾句話本來是用英文寫的，原文是：BREAD AND LOVE ARE OF EGUAL IMPORTANCE-WITHLOUT BREAD YOU CAN'T LIVE；WITHOUT LOVE，YOU CAN'T LIVE WELL，是在美國的一場演說中提出來的，頗受歡迎——希望你也喜歡，不妨玩味一番。

212 新式婚姻像嚼口香糖，越嚼越乏味，最後吐掉；舊式婚姻像吃長生果，越吃越有味，最後嗤了。

西方人把現代人的新婚比作「已經燒滾了的開水」，而把傳統新婚比成「剛剛放到爐子上的一壺涼水準備燒開。」

妙哉！現代的人結婚時「已經」過了「高潮」，既已如此，「滾水」自然開始「降溫」到「氷涼」才止。而傳統婚姻從「涼水」升溫，可到「沸騰」，所以經久久也——這何嘗不是自然現象哩！

213 愛情的力量真大：不但能將傻瓜變成天才；也能把天才淪為傻瓜。

這話乍聽很像笑話。仔細想想，卻也千真萬確。柏拉圖說：「只要加上一點點愛情，人人都會寫詩。」誠然。我把「情書」說為：「一言難盡的不知所云便是情書。」如果把柏拉圖與我老康的話放在一起研究，一定可以「測出」愛情力量之偉大。

214 夫妻不和猶如半身不遂，其痛苦可知。

夫妻本來是「兩個一體」合作而成的「人體」，所以夫妻稱對方為「我的另一半」（台灣「中華日報」有專書，是「我的另一半」專欄的單行本）。準此，如果夫妻失和，不就是相當於「半身不遂」嗎？「半身不遂」非同小可，那是人間最痛苦的病症之一也！

215 單身生活好比用一根筷子吃飯。

常言道：「一根筷子吃藕——挑眼」。這是很俏皮的一句歇後語。一根筷子用「挑眼」的方法可以「吃藕」；可是吃其它的食物可就太不方便了——不知「單身貴族」有何高見？

216 現代孤兒有兩種：一種父母雙亡；另一種父母雙全。

這是我五十年前（西元一九六〇年代）提出的「看法」，五十年後，這兩種孤兒的人數比率似乎「父母雙全」的要遠比「父母雙亡」的為多，真是太不幸了！願天下為人父母者多為子女想想吧！

217 夫妻不如情侶親愛，主要的原因是夫妻不再把對方視為情侶。

我們常常聽到「願天下有情人終成眷屬」的話，我們也不妨說：「願天下眷屬再成有情人」呀。如果夫妻二人在一起生活，一本初衷，仍將對方看成「情侶」，只有一天比一天更加相愛，豈有離異的道理？！結了婚同志們，好自為之。

218愛，是由衷地關切。

只要你對一個人給予「由衷地關切」，你就是愛他——且看父母對子女無微不至的關切即可瞭解「愛」的真義與基本態度。你可能從某人對你的關心程度，輕而易舉地測量出他對你是否真愛。

219把愛情視為「地下工作」的人堪稱神仙伴侶。

據說在羅馬有一項法令，規定男女在結婚時，也應該保密不得公開，直到生下第一胎孩子才可以公諸於世。他們真是專家，把愛情的事視為「地下工作」神秘而甜蜜。

220人間至少有三件事任何人也阻止不了：哲人思考、嬰兒入睡、愛人傳情。

哲人無時無刻不在思考，真的像笛卡兒所說的那樣：「我思故我在。」嬰兒要睡誰也管不了，勉強他不睡一定大哭大鬧，非睡不可。愛人之間只要有機會見面，眉目傳情誰也阻止不了。你如果不相信，細心觀察便知。

221 愛情的確是盲目的——情侶不但閉著眼接吻，也閉著眼結婚。到離婚的時候，才把眼瞪大。

這種「過程」非常普遍，情侶盲目相戀，盲目結合，到了兩情出了問題，才把眼睛睜大，才把彼此看得一清二楚。可是為時已晚，一切都成過去。

我不知道天下有沒有「盲目離婚」的？待考。

222 金錢買不到莫逆之交，更買不到恆久的愛，卻能買到內心的空虛。

我從「白馬非馬」這個「命題」發展出「酒肉朋友非朋友」的道理。凡是「有條件」的「交情」最怕「條件」一旦消失。換句話說，有條件的交情用「條件」來維持。條件一旦消失，交情也跟著結束。準此，用金錢拿來的交情不可能是莫逆之交，更買不來真正了可以持久的愛情——可是金錢卻可以換來「內心的空虛」，因為「人財兩空」的現象自古有之，於今更多！

223 含有親情的愛情歷久彌新。

如果在「愛」裏加一些「親情」，這種愛是可以維持長久的。不過分寸卻不易掌握，千萬要格外慎重。

224 情書是一言難盡的不知所云。

我見過一連給她那出國深造的丈夫情書往返五年之久的好女孩（好妻子），等到他的丈夫「衣錦榮歸」竟然移情別戀，而且把「五年情愛」和二十年的恩愛說成「一片假象」。與他那在同一所大學執教的女人同居！「情書」寫起來總嫌「紙短」，一言難盡；其內容卻是「不知所云」。可憐啊！痴情的好妻子！可惡呀！負心的壞男人！

225 情感的事，誰認真，誰痛苦——如果一旦破裂的話。

情感實在不宜「過份認真」，總要預留空間，有個餘步，也就是「退路」——一旦情感有了問題，好由此路「安全撤離現場。」

226 情感發生問題時，理智必須抬頭。否則，後果不堪設想。

能夠保持心理平衡，就能夠享受心情平靜之福，因此，理智就成了最重要的內在力量。常人在情感發生問題時，如果理智不能及時「出面」加以「調停」，後果是不堪設想的。

培養理智的力量（也許應該說「工夫」）必須多讀書。多讀探討人生究竟的好書。最好是這「祝氏春秋」，一笑！請你記住：「自制」最難！

227 只有完全獨立，才有充份自由。這是單身貴族的基本理論。

但是放眼天下，無論個人團體或國家，「獨立」不很難！「自立」則不易，「自強」那就更難了！敢問單身貴族：「『自由』是否也意味看『責任』」？

228 無法忍受「畫地為牢」約束的人，沒有享受自由的權利。

如果你看過先進國家和國民個個守秩序、重公德、你就會想到我國古人「畫地為牢」的高度守法精神。

難道真的「經濟條件」決定「行為規範」嗎？「衣食足而後知禮義，人若倉廩實而後知榮辱？」中國人應該牢記「自由的範圍以不妨礙他人的自由為界」。只可惜：「自由！自由！多少罪惡假汝之名而行」

229 一生沒有遺憾的人也真遺憾！

人的一生無論長短，免不了多多少少有若干遺憾。可是，如果此人一生沒有遺憾倒也遺憾——他無法體會「人生的遺憾」。因為「遺憾」往往是「人生的真實面」。所以，閣下如有遺憾倒也「正常」。「沒事兒」！

230 民意！民意！多少罪惡假汝之名以行！

今天社會上很流行「民調」，就是民意調查。這當然也是跟西方國家學的。我也學過，但是我很不相信！因為人類雖然是「理性動物」，而他非理性的「情緒」卻常常凌駕於「理性」之上。你如果對我說這是「民意」，你找錯了人，同志！

231 人間最難打開的東西是封閉的社會。

一個封閉的社會，例如西元一九七九年以前的中國大陸或蘇聯解體前的俄國，都是具有代表性的，多虧尼克遜時代的美國國務季辛吉在一九七二年有計畫的闖進中國大陸，把這個與自由世界隔絕四十年的封閉社會打開。否則，還真不知道今天的中國大陸是個甚麼模樣哩！再者，日本的閉鎖政策美國的門羅主義；中國的共產政權，這不都是屬於「封閉社會」的嗎？

232 有毅力的人最常見的表情有兩種：嘴閉起來，緊咬牙關。

經過長時期而細心的觀察，我看到有毅力的人習慣於把嘴巴緊閉起來，大有「蓄勢待發」的模樣。加上「咬緊牙關」越發令人莫測高深了。這種人可以深交。

233 樂觀的人欣賞旭日東昇，悲觀的人感慨夕陽西下。真正努力不懈的人，即令在午夜，也會覺得日正當中。

我天生的樂觀，而且多年來勤於讀書寫作以補笨拙。愛妻孫靜芝老師說我：「莫明其妙的樂觀。」誠然，最近又加上兩句評語：「你的IQ夠高，EQ卻夠低！」誠然。「知夫莫若妻」。誠然。人生苦短樂觀有福。

234 「準備」加「機會」等於「成功」。不作準備的人享有坐失良機的「特權」。

「機會」是個「急性子」，它一敲門，如不應聲開門，它就立刻離開再也不回來了。因此你必得隨時隨地準備就緒，機會一到，你就成功，免得坐失良機！

235 不要迷信電腦！它衹是人腦的產品之一罷了。

到今天為止，除了偶爾對歐美友人發EMAIL之外，我幾乎不用電腦。電腦的記憶再強，貯存的資訊再多，都不如記在自己的腦子裏。我最為自己慶幸——在大陸上從北京大學到深圳大學，前後對中國二十多所重點大學演講，一律憑記憶，從來不帶片紙隻字！

236 自不量力的人即令不會累死，也會累傷。

「不自量力的人最累！」是我說的「十大最人」之一，這是當年在台北市聯合報大廈九樓的一場演講的「結論」。演講是由「民生報」、「基督教女青年會」等三個社團合辦的。其它「九最」計有「自作聰明的人最笨」、「自以為是的人最錯」、等，不多說了。體力或腦力使用過度，均會受傷。傷重者可能致命。人做事豈可不量力而為之。

237你在抱怨別人驕傲之前，先看看自己是否自卑。

有自卑感的人最明顯也最常見的心態是動不動就抱怨別人驕傲。我在「醫療」自卑感方面得一「驗方」，那就是「努力、進修、充實、自己。」可以根治自卑感。保證「藥到病除」，永不復發也！患者何妨一試？！

238可以用好心對待壞人，不可用壞心對待好人。

用好心對待任何人總是好的。即令偶爾「好心不得好報」，那是別人的事，與你「無關」，大可不必計較。用壞心對待任何人都不對，更不該用壞心對待好人，那是缺德的、是虧良心的！

239小人可以不防；偽君子非防不可。

小人為何可以不防呢？你明知道對方是個小人，心中有譜，不防中也防了；而偽君子表面上道貌岸然，骨子裏卻男盜女娼，豈可不防！？而問題是怎樣去「識破」偽君子的真面目呢？你必須細心地察言觀色，同時設法知道此人的過去所作所為，以為依據也就是「聽其言，觀其行」。

240 流行的不一定好，例如「流行性感冒」。

「流行性感冒」中國大陸上的簡稱「流感」，共產黨長期統治，把中國人「搞」懶惰了，很多「詞」都過於「簡略」，大家懶得多讀幾個字。總而言之，千萬不可趕流行；不但流行的不一定美，而且越是流行的越容易落伍！不知閣下察覺到了沒有？

241 暴發户，是有錢沒有知識而又誤認錢可買來一切的人。

如今大家越來越富有了，可也產生了「副作用」，那就是暴發戶也相對增加。人，可以一夜之間發橫財而致富，但卻無法在三五年間成為大學問家！這是天公地道的事。如果你把金錢和知識相提並論甚至誤認有錢就可以學到知識的話，閣下就是個「暴發戶」了。

242 天下沒有食慾不振的胖子。

我總會看到吃得津津有味的小胖子或大胖子，我們真的難得一見食慾不振的胖子。也許天底下根本就沒有食慾不振的胖子，仔細想想看，如果他們食慾不振，怎麼會吃得那麼胖呢！？胖子很可愛，人人喜歡胖娃娃，祝福胖娃娃！但是，千萬不可體重太過重了，胖娃娃請保重。——「保」持適當的體「重」！

243 小品文如小菜，開胃爽口，百吃不膩，只是烹調不易。

「小」東西總比較可愛：小孩、小狗、小貓、小老鼠、小老虎，都很可愛。而小品，無論小品文，或是簡單的文明戲「小品」，也同樣受人歡迎。小菜也比滿漢全席好，大菜容易吃厭，小菜越吃越好吃——只是真正味美而可口的小菜不易烹調，正如小品文的難寫。

244 今天的醫生不但開藥單，也開菜單。

醫生用處方開藥單，自古皆然。而今天的醫生卻也開菜單，要病人多吃甚麼，少吃甚麼，不吃甚麼，以增加醫療效果，維護健康。而事實上，我國的醫生，自古以來就健議患者在飲食上應該注意的事，只是沒有寫到藥方上而已。又何況中醫非常注重「食療」呢！

245 抱怨年輕人缺乏經驗的人，一定忘了自己也年輕過。

只有「上了年紀的人」才會說「年輕人缺乏經驗」，這很自然。可是，他老人家卻忘記了「上了年紀的人」一定是「走過年輕」，而且也許「缺乏經驗」的人，正如他所批評的這個人一模一樣。

246 窮人不會破產，所以比富人有安全感。

天下最不安全的人物，是那些身邊「安全人員」最多的人。富人沒有窮人有安全感，是因為富人錢多，一怕綁票勒索、二怕破產。窮人恰巧相反，由於他「一貧如洗」，沒有錢財也就一不怕人勒索，更不怕破產，所以往往活得「窮開心」，我從沒有聽說過「富開心」的！

247 神秘是神聖的必備條件。

各位看倌，有誰看見過上帝？有誰看見過天主？有誰看見過「神」。「鬼」？我們沒有看見過「神」所以「神」也就「神聖」了！由於「神」很『神秘』，才會「神聖」。當年麥克阿瑟元帥以聯軍統帥之尊統制二次大戰戰敗的日本時期，他很少在公眾前露面，以保持他的「神秘」，進而讓日本人感覺到他的「神聖」，因為麥帥瞭解東方人對神聖的傳統觀念故也！

248 比無期徒刑更重的處罰並非死刑，而是良心的責備。

「良心」是不會離開「人身」也不會消失於人的心靈之外的。因此，良心的責備是永遠無法解脫的，所以它比「死刑」更來得嚴重，也因此，「良心」是『虧』不得的！

249 高興並非快樂。

我們常聽人說：「為了一時的高興……」如何、如何，可知「高興」乃是「一時興起」曇花一現的情緒表現。而「快樂」就不同了，「快樂」是比較理性的愉悅表現，既能持久，也會「累積成幸福」。英文中的「幸福」HAPPINESS 與快樂基本上是一個「來源」，可為佐證之一。

250 一帆風順的人虛度一生。

自從我說了這句話，再也不會祝福任何人「一帆風順」了；否則，不就是「希望他虛度一生」嗎！

一帆風順的人不知道人間疾苦，也就相當於「虛度」了一生。此理甚明。

251 尋常人心目中「不正常」的人，往往有他「不尋常」之處。

如果你覺得某人言行有些「不正常」的話，不妨對此人加以仔細而深入的觀察。說不定你會發現他的「不尋常」之處，如果真的如此，你也許會發現一個「非常的人才」，對你的事業說不定會大有助益。祝你好運！

252 最難下嚥的東西並非黃連，是氣。

黃連味最苦，實在難以下嚥。可是，黃連無論多麼苦，還是勉強可以嚥下去的。而「氣」的確比黃連更難以下「嚥」。所以常言道「忍氣吞聲」真需要高度的修養工夫。「氣」要能「嚥」下去，也就是在「鍛鍊忍耐工夫」！願與諸君共勉。

253 視力好的人往往視而不見；聽力好的人往往聽而不聞。

說也奇怪：年富力強視力也好的人，往往對於眼前的事物「視而不見」；年富力強聽力很好的人，往往對於應該聽的金玉良言「聽而不聞」！反而上了年紀又視力和聽力逐漸衰退的人，都能用心「看」、用心「聽」！真是，人為萬物之「怪」！

254 從前的人路見不平拔刀相助；今天的人路見不平拔腿快跑。

這兒有兩個「拔」字；一個「拔刀」；另一個「拔腿」。「拔刀相助」，古風也；遇事「拔腿快跑」，小人也。今日之小人何其多！當真人心不古了嗎？唉！可是，說也奇怪，「人心不古」這句話也是古人傳下來的呀！

255 正因為五指長短不一，用起來才靈活，握起來才有力。

造物主之神奇與萬能，使人不得不敬佩而又心悅誠服！一隻上的五個指頭，由大姆指「帶頭」，長短不一，正是巧妙處：用起來靈活，握起來有力，可謂盡善盡美矣。宇宙間只有上帝造的可能十全十美，感謝上蒼。

256 困境能使弱者破產，卻能讓強者破記錄。

用這兩個「破」字所造的「詞」，可以說天壤之別，一個「破產」；另一個「破記錄」。弱者遇到困境，似乎注定失敗；而強者遇到困境卻能「愈挫愈堅」，他「折磨當磨鍊」，百鍊而成鋼。到頭來打破舊記錄，創造了新記錄。讚！

257人類用老鼠試驗新藥物，卻用同類試驗新武器。

當年英美聯軍剛剛打完伊拉克的戰爭（時為西元二〇〇三年五月中旬，台灣非典型肺炎SARS正在流行！）據說真正獲勝的乃是「武器商人」，因為聯軍所使用的都是最新的武器——他們用實戰試驗新武器，正如用白老鼠試驗新藥物！又何況日本人在東北的「七三一」部隊用中國活人試驗病毒哩！再者，近代的鴉片戰爭、中法安南之戰、中日甲午之戰、八國聯軍攻打中國，都是把中國人當作試驗新武器的犧牲品。

258求生的意志是起死回生的特效藥。

我們看到許多與病魔長期而艱苦鬥爭最後獲得勝利的人，他們的「求生意志」異乎常人的堅強，醫藥反而成了「輔助」的條件。我們應該向他們致敬學習。

259不願埋頭苦幹的人休想一鳴驚人。

常言道：「台上一分鐘，台下十年工。」誠然。這是形容演藝界人士「埋頭苦幹」之後的「一鳴驚人」成就，實在來之不易。也就是說，如要一鳴驚人成就非凡，必須十年寒窗埋頭苦幹。人間的成就沒有不勞而獲的。真是天公地道的又一證明。

260 綿標是錦上添花的標誌，所以只頒給勝方。

「錦標」真的是「錦上添花的標誌」，你見過「敗方」得錦旗的嗎？努力吧！天下錦上添花的多呀！又何必自陷「雪中」，待他人前來「送炭」哩？！等不到的呀！還是自求才得多福。

261 如果你要低估一名好水手的航海能力，不妨祝他一帆風順。

平靜的海上面很難訓練出好水手。只有在天氣惡劣、驚濤駭浪中，可以培養出第一流的航海家！

在「一帆風順」風平而浪靜的情況下，一名新來的水手就能夠「操作自如」了。不是他能幹，而是「天助」他。

262 小心使用名片！知名度高的人用不著名片，名片也無法提高知名度。

我還沒有看到過國家元首使用名片的。我見過一張名片上印有九個頭銜，其中卻沒有一個是「確有其事」。跑國際江湖五十年之後，我肯定名片不能提高知名度；而且名片上頭銜越多的人越是「實力不足」也「信心不夠」，幾乎沒有例外。

263 現代人在「偽裝」上所花費的金錢、時間和精力最多。

這真是人類的悲哀呀！「化粧」就是「偽裝」，這話絕對不誇張。上了年紀的人見不得一根白頭髮，冒著染患癌症的生命危險，還要把白髮染黑的人知識何處去了？為何一心要破壞自然美？！

264 只有根基穩固的東西經得起考驗，無論友誼、愛情、學業、事業、社會、國家，都是一樣。

「根」乃萬物之「本」，所以稱「根本」；也叫做「根基」。「萬丈高樓由地起，千秋大業頭來。」沒有例外。所以無論人際關係或國家生存與發展，必須根基穩固，才可大可久。

265 今天的道路實在太好了，因此，這一代的人無法體會到「泥濘不堪」的滋味。

「泥濘不堪」的情景！今天的小孩子已經不知道是怎麼一回事了。如今放眼天下，至少在台灣已經是處處高級公路、高速鐵路，甚至詩情畫意的「羊腸小徑」，似乎早已絕跡，難怪文人雅士也日漸減少了。這難道這也叫做「進步」嗎？待考。

266 是誰說的「美景如畫」？假如沒有美景，根本不會有風畫。因此，應當說「畫如美景」才對。

人，真是大言不慚、顛倒是非的萬物之怪！誰說的「美景如畫」呀？試問：「如果沒有「美景」誰又能畫出「風景畫」呢？這麼一想，你就恍然大悟明白了「畫如美景」的「真道理」。學謙虛一點吧，自我陶醉的「萬物之靈」！

267 看到別人有成就，自己難免會羨慕，甚至會嫉妒。如果我們知道他們奮鬥的艱辛歷程，羨慕與嫉焙應當變成敬佩。

如果你對別人起了羨慕或嫉妒心，那就表示自己承認不如人家，千萬使不得！埋頭苦幹、努力進取吧！「立志」要他人來羨慕你、嫉妒你——最好！祝你成功！請你注意：「能經天磨是好漢，不遭人嫉是庸才！」這是我的恩師蔣經國先生說的。

268 **從前，人與野獸搏鬥，恨不得要把他們消滅。今天又怕牠們絕種，卻要設法保護。**

人，真是萬物之怪，無論世事如何，似乎都不能讓他滿足。自古以來就與野獸苦鬥，人佔了上風。可是某些野獸又成了「稀有動物」又得勞「人」的大駕加以保獲了，真怪！我不禁要問：「何時『人』會成為「稀有動物」呢？簡直不敢想。

269 **「物美價廉」是人類宣傳史上空前絕後的妙語，無論廣告學如何發展，誰也翻不出它的手心。不過，這句話並非歐美或日本專家的創作，而是中國人先說出來的。**

無論傳播工具如何進步，無論廣告宣傳技巧如何巧如！永遠打不出「物美價廉」的手心！這真是中國人永恆的榮耀！生為中國人，何其幸運啊！

270 從前，一個國家的內政、內戰，只是這一個國家的事。今天，幾乎所有國家的內政、內戰，都多多少少國際化了，難怪麥克魯漢把今日的世界叫做「地球村」。

「天下一家」似乎已經實現；可是「世界大同」卻遙遙無期。我們生活在這個小小的「地球村」上，竟然還有人倡議「本土化」！真是愚不可及！但是這些人卻又同時高叫「國際化」邁向國際！究竟何去何從呢？又有誰能夠完全脫離這個「地球村」呢！？

271 從前，秀才不出門能知天下事。今天，白丁不出門也能知天下事。不過問題是：知道天下事之後的反應差別很大。

今天科技工具發達，任何人一按電鈕，天下大事盡收眼底，表面上方便不少。殊不知資訊泛濫所造成的災害已經遠超過正面的「功能」了，請大家吸收有用的知識，培養「排毒」能力。

272 汽車空檔的英文是 neutral（中立），頗有道理。由空檔可以推入一檔、二檔、三檔或倒檔，好比「中立」份子可以倒向任何對他有利的一方。

NEUTRAL乃是英文中具有哲理的若干單字之一。把「中立」當汽車的「空檔」解釋，實在含義很深。「中立」者可以隨時放棄「立場」倒向對自己有利任何的一方。這個字用得極妙。

273有一位小朋友為電視連續劇下了個定義：「大人做遊戲。」

如果當真用「大人做遊戲」來「評論」時下的電視連續劇，還真正有幾分「講究」。平心而論，電視連續劇好看的不多，難怪有人把它叫做「連續鋸」了！

274我很想借用時下很流行的一句話替菸酒公司擬一則廣告詞：「抽菸喝酒，人人有責！」

我這話是諷刺「宣傳八股」的！君不見，動不動就是「甚麼甚麼，人人有責」嗎？中國大陸上大家笑談：「計畫生育，人人有責」！真是諷刺到了家。

如果台灣菸酒公司當真採用了我這「八股傑作」，那才真有趣哩！不過最好用「抽菸喝酒，人人有災！」更能與事實相符。善哉！

275 戰爭真是殘酷。不過，我寧願作戰，也不願國破家亡。

「亡國奴不如喪家犬」，從小就把這句話牢記在心，並且立志「頭可斷、血可流」，寧死不做亡國奴！中華民國雖然多災多難，倒也有多釆多姿的一面，至少到今天中華民國九十八年元月、元月我依然是一名堂堂正正的中華民國「資深公民」（SENIOR CITIZEN）。而身在福中知福惜福。

276 過去國民大會的權力的確不小，不但可以選舉或罷免總統；而且可以修改憲法。不過，卻無權修改你的文章。這正是民主政治的可貴處。

「改文章」？除了老師改學生的作文，天下人還有許多人夠資格修改我的文章。但是，「國會」卻無權改我的文章，這真是民主政治的可貴之處。不知獨裁者有何「指教」？

277大家一邊吵著空氣污染，一邊又拚命往空氣污染的地方集中，真難自圓其說。

人類是一種生來內心矛盾的怪物，說的和做的往往是兩碼子事。大家吵著空氣污染越來越嚴重，可是又拚命要往人多的地方跑——人愈多的地方，不正是空氣污染也越嚴重的所在嗎？親愛的人類呀！自命不凡的萬物之靈啊！何時才會「言行一致」呀！？

278電視節目是電視公司的主要產品，它具有一般百貨的特色——無論貨色好壞，都會有人光顧。

電視是「大眾」傳播工具，所以「大眾」很喜歡電視節目，正如百貨，無論貨色優劣，總會有「特定顧客群」前來先顧。電視節目也正是如此而「普及」的。同時，知識程度越低的「大眾」越愛看電視節目，而且往往「照」單全收。電視公司應該感謝他們的「觀」照。

279善人因不好事而用不著團結，惡人因好事而不得不團結。可是，到了善良人團結起來的時候，惡人一定消聲匿跡，天下就太平了。

為什麼「秀才造反，三年不成」呢？因為秀才都是好人，不懂組織，加之自古文人相輕，團結不起來也！如此造反怎能成功？但是，既有知識又有江湖俠義的人如國父孫中山先生和他的同志，為了共同的願望和救國救民的崇高目標，革命才會成功。

280 滾水沏茶，猶如靈感成熟時的創作，味道最好。

古人以「胸有成竹」表示「思考成熟」、「靈感成熟」，此刻，正是「下筆」的大好時機。對於這一點，我是體會頗深。一旦我「成竹在胸」立即下筆，通常八百字的一篇專欄文章，十分鐘之內必定草成。如果思考尚未成熟，超過了十分鐘仍然寫不成，立即擱筆。但是「早熟」卻要付出代價，一個人如此，民主政治也是一樣。中華民國的民主自由均屬「早熟」，難怪我們付出極高的代價！

281 提神如提款。提的越多，剩的越少。

所有讓你「提神」的飲料，千萬少用為妙。「神」很自然，有「神」便用；「神」如不足就要去「養」，而「提」不得！所以我才提出來「提神如提款」的理論，請大家提高警覺，不要輕易「提神」。提神猶如「透支精神」也。

282 免燙的衣料越普遍，該燙的衣服越常見。

許多人迷信「免燙」衣料，因此該燙的衣服也可以免燙之而不燙，難怪「該燙」的衣服越來越常見了。

283 許多人抱怨物價上漲，唯有人價依舊。其實這是最正常的現象，用不著抱怨，因為人不是貨物。

人非百貨，所以「人價」不隨「物價」調整。而物價之所以上漲，乃是因為「錢」太多了。錢太多也就似乎不值錢了——通貨膨漲可怕！

284 恕道的真義是：不抱怨，不報復。

抱怨可以使人「悔不當初」，吃後悔藥，十分傷人。「報復」能使仇恨沒完沒了，十分傷神。

如果你能做到不抱怨、不報復，就是「恕道高手」了！
一個「恕」字足以使你「延年益壽」也。再者寬恕乃是沒有副作用的「解怨」特效葯。

285 發呆與沉思最大的區別是：前者張著嘴；後者閉著嘴。

大凡一個低能兒，最常見的表情就是張著大嘴發呆，令人同情。智者沉思時，通常是把嘴巴閉起來的。靜觀人生百態，倒也有趣。

286 從前吃東西趁熱吃；現在吃東西趁冰吃。

從前冰箱還沒有上市時，大家習慣吃熱食，如今冰凍食品充斥，大有「不冰不好吃」之勢，真的是「食」代變了！
冷食吃多了，冷飲喝多了，連人情也跟著冰冷了！

287 有人說經常看電視的人越來越多，經常看書的人卻越來越少了。

這話並不正確。事實上遠在電視上市之前，經常看書的人就不多。

今天看電視的人們，遠比讀書的人數為多；而遠在電視機普及之前，真正愛讀書的人就不太多。

讀書真樂！但是，讀書之樂很難普及。奈何？不過先進國家之所以先進，國民讀書風氣之盛正是主要原因之一。

288 今天電視機已經成為家庭的必備設施，很像從前人家裡的痰盂。

當年有錢人家家家備有痰盂，在中國大陸上真到西元二〇〇〇年代，還有許多城市裏處處可以看到痰盂。台灣卻在民國四十年代末期（西元一九五〇年代末期）已經不見痰盂了。

今天家家有了電視機，中國大陸上幾乎也成了家庭「必需品」了。

289 單純而不簡單的人最不簡單。

單純的人是樸實忠厚是較為心地善良的。如果加上「不簡單」那就真的「不簡單」了。

我常常把我們中華民國的空軍健兒形容為「單純而不簡單的人」，實在可敬又可愛！他們為人坦率真誠、戰技高強忠勇愛國，很不簡單。身為中華民國空軍的一名老戰友，與有榮焉。

邱吉爾當年把英國皇家空軍健兒說成「鳳毛麟角」，原文是「THE FEW」。「鳳毛麟角」是老康翻譯的。請指教。

290 虧了公款尚可補償，虧了良心無法補救！

公務員虧空了公款，應依法處罰；也就是還可以彌補判刑或追回公款了事。而虧了良心就不同了，那是永遠無法彌補的——即令依法判刑受罰，也無濟於事，因為「心」壞了。

291 好名的人為追求虛榮浪費生命，與草木同朽；務實的人由服務人群充實生命，與天地共存。

人在服務社會時最能顯出生命的價值，難怪國父孫中山先生主張「人生以服務為目的」。而那些一生為服務人群的人，與天地共存，真天公地道。

292 大體上說，人生苦樂參半。只是有些人先樂後苦，有些人先苦後樂。

如果說當真人生苦樂各半的話，也許可以說有的人先苦後樂；另外一些人先樂後苦。我寧願先苦後樂，享受苦盡而甘來之樂！也不願先樂後苦，晚景堪憐，感謝天地祖宗，讓我得以在年輕時艱苦奮鬥，如今年屆八十有六依然在讀書「享樂」！

293 沒有個性的人沒有靈魂。

英文中 CHARACTER 這個字的解釋很妙，既作「個性」、「人物」解，又作「人格」解。NATIONAL CHARACTER 是「國民性」，如果一個人沒有個性，也就等於沒有這個「人」了，那麼我們也可以說沒有個性的人，就沒有靈魂了！不要跟沒有個性的人深交，沒用！沒個性就沒人格，沒人格就沒有靈魂，形同行屍走肉。

294 不要和斤斤計較的人斤斤計較。

這是我回答一位讀者的問題時的「靈感」「冒」出來的答案——他問我「如何對付斤斤計較的人」我順口說道：「不要和他斤斤計較」就好，不料「果然有效」——閣下何不一試？

295 無知一身輕。

常言道：「無官一身輕。」我卻說：「無知一身輕。」「無官一身輕」這句話對那些一心想做官的人來說並不一定正確，因為這些人一天不做官就會覺得六神無主，生命似乎沒有用了，生活也乏味了，至少從前奉承他們的人不再巴結他們了。準此，他們這些人一旦丟了官，不但不會覺得『一身輕』，反而心事重重了！而無知的人，不知道天高地厚，只管飽食終日，也就心滿意足，豈不「一身輕」嗎？

296 我不喜歡送往迎來；也不喜歡往送來迎。

因為我不愛送往迎來，所以也就不喜歡他人「來送往迎」！

297 衣帽可能是人類的第一套偽裝。

自從人類穿上衣服、戴上帽子，他就開始「偽裝」好了——真的要生亞當和夏娃的氣，為何不聽上帝的話要偷吃禁果呢？一笑。

298 我愛鄉野，那兒的水，空氣和人心尚未污染。

海闊天空、一塵不染的鄉野真是人間仙境！小時候常常在野地裏遊戲，那股「野孩子」的風采可真令人一生難忘呀！何況鄉野的水、空氣……尤其是人心尚未污染——不過，我說的是五六十年前的鄉野。如今鄉村都市化了！鄉野似乎也變了樣！

299 出名不易，隱名更難。

有一句英文的俏皮話，大意說：「所謂名流，就是那個拚命打高了知名度之後，卻又戴上墨鏡怕別人認出他來的人。」妙！這與我的「理論」頗有異曲同工之妙，不知「名流」尊意為何？

300 所謂「一代完人」，就是「他這一代已經完了的人」。

「一代完人」四個字可不是好玩的呀！但是真正配得上這句話的人，在中國古時候是至聖先師孔子，當代國父孫中山先生。還有別的人嗎？讓我們拭目以待可也。

301 行行出飯桶。

常言道：「行行出狀元。」豈有「行行出飯桶」之理？天下事的是無奇不有，如果閣下仔細用心觀察，你定會「突然發現」當真行行「也」出飯桶！

不過，狀元與飯桶之間的人最多；願大家逐漸向狀元接近，慢慢遠離飯桶。

302 教養如演戲：在家排練，出門上演。如果演出不佳，一定排演不力。

我用「排演」比作「家庭教養」，用「演出」比作在外的言行舉止，也許相當「合適」。我們常常看到父母在大庭廣眾之中，眾目睽睽之下責罵他們「不聽話的孩子。」這個當口我真為孩子抱屈！誰教你們做父母的不好好在家裏教導子女，為何在外頭重重作害孩子的自尊心呢？

303 性格決定命運。

性格內向的人不宜做生意，更不宜做官；最好是做學問。性格外向的人，不妨多做「拋頭露面」的事，例如經商或演藝工作。我發現：「要想在演藝圈出人頭地，似乎最好不愛讀書。

304 從一粒沙看世界，從一個螺絲釘看重工業。

我到任何一個國家，只須在大街上逛一趟到店子裏走一遭，大半就可以明瞭這個國家的教育、文化、經濟與政治現況，幾乎沒有例外。這就好比從一粒沙子看世界，這個世界不過是無數粒沙子堆起來的而已！同理，從一個螺絲釘也可以瞭解一個國家的重工業，沒錯。

305 貧窮人家出不了敗家子。

窮人家永遠出不了敗家子，因為他們「無家產可供敗壞」！在「貧窮的基礎」上，才有機會把「萬丈高樓由地起，千秋大業從頭來」呀！如此說來，生在貧窮人家的人豈非「另一類得天獨厚」嗎？

306 富由貧起，貧由富來。

人的命運果真是「三十年河東、三十年河西」嗎？這話一定有它的價值才會傳之久遠的。敗家子都出在富家；而白手起家的人一定是窮家子弟，真是天公地道。

307 出身貧賤的人，發揮潛力的機會最多。

只要「人窮」而「志不短」，就有辦法，古今中外不知道有多少英雄豪傑、學者專家是出身貧賤的，正是因為「出身低」而「志向高」，才會盡量去發揮潛在的智慧與力量，結果自然成就非凡。各位一定還記得老祖宗的名言：「英雄不怕出身低。」的。

308 常識貧乏的人最容易大驚小怪。

「常識雖然看上去微不足道，可是足夠的常識足以造成一個天才。」這是蕭伯納的名言。人的一生，用專業知識的時候固屬常見，然而使用常識的時候與場所更多。也可以說，人生生活在常識裏。至少常識豐富的人不容易大驚小怪。

309 簡單可不簡單。

從西元一九六七年六月的「六日之戰」，以色列以小擊大；以寡擊眾，一舉擊敗十四個包圍她的阿拉伯國家的史實，可以證明這這句話的真實性，以色列的指揮官最大的特色就是「簡單」。也證明了「簡單可不簡單」的道理。

310 烈士下葬猶如種子入土，革命事業從此生根！

這兩句話頗具有「強烈的煽動性」。共產黨最愛有計畫的「製造烈士」，然後利用「烈士」煽動盲目的群眾「不擇手段」達到他們的政治目的。這種事早已寫在當年的蘇俄以及大陸中國的歷史上。不過，這兩句話卻也不無道理，十九世紀末與二十世紀初出生的人，尤其是東方人，可能會「認同」這個「道理」。

311 喚起民眾容易；喚醒獨裁者難！

一位有四個孩子的媽媽，每天早上叫醒老大去叫老二、再叫老三、老四；可是老大醒來以後又睡下去了，依次一個一次再叫一遍。媽媽很感慨地說：「喊醒四個孩子就這麼困難，難怪國父當年喊了四十年還喚不醒四萬萬同胞！」可是，話雖然如此說，喚起民眾比喚醒獨裁者容易多了！歷史上有幾個獨裁者是自動下台的呀？非把他「拉」下來不可！

312 自以為是的人最錯；自作聰明的人最笨。

莊子「齊物論」末兩句：「但愚人卻自以為聰明，自以為無所不知。」（原文：兩愚者自以為覺，竊竊然知之。）這種情況與我這一兩句話大致相同。天底下自古以來，自以為是與自作聰明的人，真是不少，難怪人類做出了數不清愚不可及的傻事。

313 傳播工具發展的結果是：把不相干的人拉近了，卻把至親厚友

扯遠了。

大眾傳播工具「借著科技新產品的助力，真正可以說是「無遠弗屆」了，簡直等於「佛法無邊」。善哉。可是，其結果卻無法把人與人之間距離拉近反而扯遠了！不相干的人卻拉近了，例如觀眾看電視節目中的人。至親厚友「歡聚」的日子越來越少了，如果你去串門子，一定得知道他家是否不在看連續劇。否則，你必須「加入」他們「看電視節目」的行列以後再說！

314 人生是一連串的無奈！

這句話乍看似乎很消極、很悲觀；其實不然。我是說，我們應該明白「人生乃是一連串無奈」的道理，這道理很簡單，例如：一個人的出生第一個無奈；死亡是最後一個無奈，完全不可能由人類自己「決定」，都是「天意」。在這二者之間更有無數各式各樣的無奈，形成整個的「人生」，明乎此無奈之來奈你何？

315 今天，最幸福的人是對所有的電視節目都滿意的人。

我一再強調「越是知識程度偏低的人，越是看電視節的時間偏長」，似乎已成定論。不過，這種人也夠「幸福」。祝福他們！電視公司更得感謝他們！

316 多動的人多半健康，因為人是動物。

動物要動才能生存下去；而且要活也得動，所以我們說「活動、活動」。少吃多動總會有益健康！反之就不健康了。

可是，道理雖然如此簡明，而真正能夠做到而又持之以恆的人不多。所以說，知行合一最好；也最難！

317 職業無貴賤——人有！

這句俏皮話，我只是把一句「老話」加上一個引號和兩個字「人有！」這就說明了「人」有貴賤之分；「職業」本來是不分貴賤的呀！達官「貴」人之中，也有「卑賤」之流，而販夫走卒之中，卻不乏人格高「貴」的人。盼望君子自重。

318 看不破「紅塵」的人自討苦吃。

所謂「紅塵」，泛指人生的一切「遭遇」，尤指使人產生「喜怒哀樂」的外在與內在的因素。「看破」就是「看開」，至少不過於認真，凡事總要留個「餘步」，以「緩衝」與「緩解」。否則，凡事斤斤計較簡直是「自討苦吃」，何必呢？有位幽默家說得妙，他說：「眼前的難題都是上一代人留下來的，下一代人一定會設法去解決。我才懶得多管閑事呢？」此公真夠瀟灑！

319 用科學方法探討人性最不科學。

人類雖然生理結構上看似「科學」的！實際上仍有「大同而小異」之處。再者，人類既是理性的；也是情緒的。理性也許比較容易「探討」與瞭解，而情緒就難說了。因此，如果老使用所謂的「科學方法」來探討人性，實在是「不科學」的。也因此，要想解決「人」的問題，科學是不夠的，非得借重文學和哲學不可也。

320 最重視臉部化粧的人，往往最不要臉。

臉，是人的「門面」，當然應該加以「修飾」，這倒無可厚非。可是，今天市上與「臉」有關的花樣百出的化粧品充斥，令人眼花目眩！君不見，最注意「臉」部「偽裝」（化粧！？）的人，大多數「最不要臉」？——恕我直言。我告訴你：「達觀」二字保你健康又美麗！

321 出門尋樂，捨本逐末，因為幸福就在家裡。

一個人到了出門去尋樂的時候，他的家庭生活就有了問題。幸福就在家裏；如果家中沒有幸福，走遍天涯海角也找不到幸福的！奉勸大家不要「捨本逐末。」

322 不要求人。當你無需求人時，可能有人求你。

小時候讀：「自己跌倒自己爬！……雪裏送炭有幾家？俱都是錦上添花！」同時老師一再訓勉我們「要自立自強，不可求人！」果如此，埋頭苦幹，假以時日，到了自己有成就時，該有人來求你了。祝你「自求」而「多福」。

323 人人皆有死，只是死得其所的人不多。

「死」是人生一連串的無奈之中的最後一個無奈，它一如「生」是頭一個無奈，完全由不得你！

「死」是回歸你「生」的自然，正如一覺睡下去！那管它「明朝陰晴」！可是，軍人醉臥沙場，探險家葬身萬丈深谷，俱是死得其所，今生沒有白活，值得慶幸。西諺云：「勇士一死次懦夫死多次。」有道理。

324 寬恕是特效而沒有副作用的消氣散。

「恕」是至聖先師孔夫子的待人處世之道，再加上一個「忠」字。堪稱完美。一個人能做到「忠於自己的良心」、寬恕他人的過錯，即令不能成為聖賢，至少心安理得，益壽延年。閣下何妨一試！？

325 要想把藝術品變成商品，十分容易，標上價就行了。

這話本來是我在演講之後，回答一位聽眾問題的「答案」。他的問題是：「商品和術品有甚麼不同？」這個問題很好。藝術品無價，基本上說乃是用錢買不到的，而商品卻是可以買賣的，一如百貨。而一件無價的藝術品一旦標上了「售價」，立即就變成了「商品」。

326 為稿費寫不出傳世之作。

所謂「傳世之作」，一定具有「傳世的價值」的上乘作品，例如我國的經史子集和古希臘柏拉圖的「共和國」之類的作品皆是。這些經典可能根本就沒有稿費。

如果某人揮筆之前先想到「稿費」！這種「文章」不寫也罷！

327 內在空虛的人最講究外表。

特別講究外表的人多半是一些什麼人呢？除了極少數的正人君子格外講究衣著儀表之外，特別、刻意「打扮」的男男女女，多半是一些甚麼行為的人呢？有位西洋人打趣說：「一個人的穿著好比信封上收信人地址，你可以知道他何去何從。」

328 出類拔萃的人很少往人多的地方跑。

我們都知道「三人為眾」。「眾」就是「很多人」。「很多人」集中的地方都是些甚麼場所呢？市場？戲院？寺廟？旅遊觀光景點？夜總會？戰場？賭場？運動場？屠宰場？這些場所能夠「修身養性」嗎？能夠做學問嗎？能夠靜思嗎？能夠……不再往下問了，請各位想想為何出類拔萃的人很少往人多的地方跑哩！？（請注意你此處的「問號」與「驚嘆號」並用。）

329 聽到一聲巨響不必害怕，你可能已經倖免於難。遇難的人聽不見響聲了。

無論甚麼大災難，台灣「九二一」大地震或是美國紐約曼哈頓的「九一一」慘案，或是四川的五一二大地震，遇難的人很可能「聽不見」那一聲或連續的「巨響」已經往生！準此，聽到巨響一如聽見「遇難」倖免於難孩子的哭聲，他「依然存在」，倖免於難矣。

330 現代女子大家「作秀」的多，「大家閨秀」難得一見了。

「作秀」一詞已經普遍使用在「愛表現」的人物身上；女孩子似乎「尤烈」——更愛「作秀」，而「大家閨秀」實在難得一見了，真是令人「洩氣」，我更怕許多人動不動就把愛作秀的女人說成「ｘｘ西施」，真污辱了這位絕代佳人！

331 外交關係本來是外表關係，如今又變成外貿關係了。

外交關係的確是外「表」關係，常言道：「天下沒有永久的朋友，也沒有永久的敵人！」這話不假。我們常常看到前一天的敵對國，一旦停戰，「握手言和」，馬一又成了「盟邦」！

而今天的世界除了「拳頭」，就來比「荷包」，「有錢的王八是大爺」，大可用在今天的外交上。只要有錢做「外貿」，沒有不受歡迎的。所以說「外交」、「外表」和「外貿」都是「外」字起頭，良有以也。

332 傳世之作也會失傳，只要有一代人無知即可。

西元二〇〇三年春天，英美聯軍入侵伊拉克，後來老百姓趁火打劫，竟然把博物館裏的古物掠奪一空！專家認為「兩河文化」的歷史文物損失殆盡，可能是永遠無法彌補的損失。同樣的情況發生在中國大陸，那是西元一九六六到一九七六的十年「文化大革命」！毛澤東指使他用「紅衛兵」破壞無數「永遠無法彌補的」中華歷史文物！這兩次浩劫不知道使得多少傳世之作失傳！悲夫。

333 終身「監禁」的人三種：死囚犯、皇帝和執迷不悟的人。

所謂「監禁」，泛指坐牢與「作繭自縛」式的「困擾」而身心兩不自由而言。死囚犯當然終身監禁。至死為止。而皇帝表面上威風八面，卻也「毫無自由可言」，一舉一動完全在身邊人員的控制之中；一生不得「自由」。而最可憐的乃是執迷不悟的人，一生糊裏糊塗，自以為是，自作聰明。這種人相當於終身監禁。

334 不要跟缺乏自信的人或過份自信的人合作。

中庸之道實在是放諸四海都合適的做人與做事的原則。而缺乏自信的人是失之「不及」，也就是信心不足。而過份自信的人卻又失之「有過之」，也就是「盲目的自信」，亦不足取也。這二者都可能壞了你的事，還是採取中庸之道的好，信心足夠，不多也不少，夠用就好。

335 天下只有一種真的「乾洗」——洗腦！

「乾洗」此地是個譬喻。中共早年在中國大陸上對大陸同胞「洗腦」，真乃是「千真萬確」的「乾洗」；既不用油，也不用水！事隔多年，大陸同胞尤其是知識份子，迄今餘悸猶存。不知中共何年何月開放言論自由。

336 幹一行、像一行。

「老」的說法是「幹一行，怨一行」。十分消極，似乎人人對於他目前的工作「都不滿意」，總是這山巴著那山高。如今我把那個「怨」字改成「像」字，也就變為積極了！我曾以此為題寫一短文，納入台北文經社「八百字小品」，同時又編入國立編譯館的國中國文教師手冊，特誌紀念。這篇短文也「救」了讀者江阿水。

337 一個人行，就行；不行，就不行。有辦法的人，就有辦法！沒辦法的人，就沒辦法。

中國文字之美妙，令人嘆服！「行」與「不行」；「有辦法」和「沒辦法」，可以稱得上登峰造極了。「行」可作「力行實踐」解；「行」又可作「可以」解；因此，一個人「力行實踐」就「可以有所成就」；不能「力行」，當然也就「不會有成」了。一個有辦法解決問題的人，就「有辦法」，也就是「有成就」；遇到問題拿不出辦法的人，也就自然「沒辦法」了，還能有什麼成就呢？

338 不要抱怨「人心不古」——這句話也是古人傳下來的。

說也有趣，不知道「人心不古」這句話究竟是甚麼人、在甚麼時候第一次說的？不過，我們認為這句話肯定是古人傳下來的應該沒有問題。如此說來，我們大可不必再抱怨「人心不古」了，反正人就是人，古今「一也」！

339 無論醫學如何發展，人類最多衹能維持生理的健康；心理健康和壽命，完全由「靈」決定。

我曾經寫過另外兩句話：「人管健康，天管壽命。」人對自身的健康要負責任，這是本分。至於壽命的長短是上天的事。這裏所說的「靈」特指「造物主」這位宇宙的主宰，無論「叫做甚麼」，祂能「造物」，當然亦能「毀物」（姑妄言之），「大自然」是人類真正的「當家人」。

340 文明人真難做！如今連吃飯也快成為「不良嗜好」了！

現代經濟發展出了「奇蹟」，人人豐衣足食，結果是營養過剩，體重普遍超過標準，又要千方百計減肥了！人哪，真是萬物之怪。因此，專家建議大家「少吃飯」，多吃粗糧，這不是連吃「飯」也成為「不良嗜好」了嗎？這可不是笑話呀！

341 人類最難滿足的慾望並非名利慾；而是求知慾。人身上生來就有一個奇妙的容器，它的特徵是：裝的越多越覺得空洞。它的俗名叫做「腦袋」。

人的腦子真是一套十分奇妙的「器具」，造物主的萬能與神奇，實在令人折服！「裝的越多越覺得空洞」，天下那有第二個容器是這樣奇妙的呀？所以我才認為人類的求知慾才是最難滿足的，也可以說根本就無法滿足。

342 不要光想一帆風順。如果當年哥倫布一直等待風平浪靜才開航的話，發現新大陸的人可能不是他了。

「一帆風順」，似乎為人人所希望。可是如果冷靜下來仔細想想，一帆風順也許不是那麼幸福。且以哥倫布為例，如果他「也」希望「一帆風順」的話，發現新大陸的人可能不是他了。

343 天下祇有一種純甘蔗汁——用你自己的牙榨出來的那一種。

各位都喝過甘蔗汁。雖然你親眼看著小販把甘蔗榨出汁來絲毫沒有摻假；可是，總沒有用你自己的牙「榨」出來的「純」——真純。

344「國家興亡，匹夫有責」的人生觀歷久彌新。

無論科技如何發展；無論生活方式如何改變；任何人沒有了「祖國」總是痛苦的。因此，「國家興亡、匹夫有責」的人生觀永遠正確。

345 胖子通常愛做三件事：如果他沒有睡，不是在吃；就是在笑。

胖子最常「做」的「事」有三：一、睡；二、吃；三、笑。所以他才會胖。如果一個胖子還沒有睡的話，他不是在笑；就是在吃，也許邊笑邊吃。如此，焉得不胖。

346 人比禽獸高明多了。禽獸將人生吃，人把禽獸熟食。

人，是不是「萬物之靈」？待考。不過，至少要比禽獸「文明」些——人把那飛禽走獸殺了、煮熟了才吃；而飛禽走獸卻把人生吃！

347 天下本事最大的是寫電影「本事」的人。可惜很多人沒「本事」把這種「本事」讀通。

我最怕讀「電影本事」。撰寫「本事」的人由於「成竹在胸」，所以他知道他在說甚麼，只可惜觀眾往往沒有「本事」把「電影本事」看懂。我就沒有這種「本事」。

348 你是一朵鮮花或是一堆牛糞？用不著你自己說，只看你招來是蝴蝶或是蒼蠅就明白了。

許多人愛自吹自擂，自抬身價。可是，從「不知其人知其友」的理論看，從他所「吸引」的是蝴蝶還是蒼蠅？完全可以瞭解他是「鮮花」？還是「牛糞」！沒錯。

349 電影比電視好——至少電影在放映中不插播廣告。

我是開這兩種所謂的「電子媒體」的玩笑的。說實話，電視節目和電影真正有益世道人心的傑作不多！電視節目更是令人「難看」。

350 有榮譽心的人潔身自好，愛面子的人只顧虛榮，二者截然不同。

「愛面子」和「榮譽心」是大大地不同的！「愛面子」只是「虛榮」，是假的！真正的榮耀，必須透過「潔身自好」，力爭上游才會獲得，而且「非一日之工也」。

351 不要責備出賣朋友的人。人類自古以來，祇能出賣朋友，那有出賣敵人的呢？

西元一九七九年美國聯邦政府宣佈與中華民國斷絕外交關係，同時與中共建立外交關係，大家責美國出賣盟友！在這個當口我曾經對復興崗新聞係學生發表演講，讓大家不要難過，更不必大驚小怪。自古以來，只能出賣朋友，有誰見過出賣敵人的嗎？

352 如果「衣食足而後知榮辱」的話，我們也可以說：「車輛足而後知排隊」。

各位回憶一下四、五十年前台北市的公共汽車和乘車秩序，再看看今天的台北市公車和乘車秩序，真是改善多多，主要原因是公車多了，大家用不著「搶」就會有座位，不就是「車輛足而後會排隊」嗎？當然市民的教育水準提高了，公德心也普及了。

353 宇宙萬象一直在變化，唯一不變的就是這種變化。

「變」與「不變」，在宇宙之間有它既定的規律。例如天氣瞬息萬變；人心又何嘗不是多變呢？而唯一「不變」的只有這些「變化」。明白了這一點，無論宇宙萬象或人生百態如何多變，也就可以「以不變應萬變」了。

354 工業革命最大的貢獻是大量生產，產品之中包括暴發户。

「暴發戶」也是產業革命的「產品」之一；而且也是「大量生產」。今天的暴發戶最應該感謝產業革命！

355 科技真是有用，最後一定可以把人類所有的難題徹底解決——同歸於盡！

這話也許說得「激烈」了些。可是仔細想想，所謂「科技產品」究竟對人類的貢獻有多少呢？是否殺人的武器方面「貢獻最大」？炸彈的精準性越來越高了；殺傷的人數也越來越多了——無論殺的是「敵人」或是無辜的百姓，總是「人」哪！萬一有一天地球上的人由於「科技」太「進步」而同歸於盡，那就「天下太平」了。人沒有了，人的難題自然隨著完全「解決」了！

356我不相信天下會有純粹防禦性的武器。真正武藝高強的人，用盾牌照樣可以打敗敵人。

武器就是武器沒有所謂「防禦性的」或是「攻擊性的」區別，要看使用武器的人怎樣用它。例如「自衛手鎗」，照樣可以「攻擊」敵方，而在你「攻擊」他人時，又何嘗不可以說成「防禦」呢？武器分為攻擊與防禦，好比時下的人把英語分成：「觀光英語」、「商業英語」、「社交英語」——我也出版過一本「留美英語」都是「笑話」！

357從前的女子怕人看；現在的女子怕人不看。

一提起「從前」和「現在」，大家腦子不免映出一大堆「似乎不協調」的「景象」，這是正常的。

女子，從前的和現在的大不同了：從前的女子怕人家看，總是羞答答地，含蓄而可人；如今的女子生怕別人不看，總是奇裝異服花招招展，令人「一覽無遺」。這種女人不看也罷！

358能站得穩的人，健康一定很好。國家也是一樣。

中文裏「穩健」一詞真是十分「形相」，而又非常貼切，是一個入木三分的形容詞——好一個「穩」字！一個人如果站不穩，一定不健康。同理，一個國家如果站不穩，也一定不是一個富強的國家。中華民國站得穩！

359 有了電視以後，也許發現不少人才；同時也發現更多的庸才。

經常在電視上露面的各色人等，除了「新聞人物」，以演藝人員為最多。「專家學者」也不少——尤其有了CALL IN之後更是熱鬧非凡，單就「專家學者」來說，大可分為「三大類」，也就是「三等」。有一位先生如此「區分」：一、國小類、二國中類、三高中類。妙哉！我真怕「專家學者」出現，不知道是誰「封」他們的？也由此可知「節目主持人」的「水平」了。

360 開會是人類一大發明。開會不但可以集思廣益，也能推卸責任。

開會是否能夠「集思廣益」呢？待考。獨裁者一個人說了就算，開會只是個形式罷了！開會的功能之一乃是「推卸責任」——君不見有些「主管」犯了錯誤他卻說：「是大家開會決定的呀！天哪！

361 群居如洗衣，把顏色相近的放在一起比較妥當。

深色衣服和淺色或白色衣服放到一塊洗，很容易染到淺色的！不如分開洗的好。人與人相處也應該把思想觀念相近的人聚在一起的好，白種人與白種人相處較好！有色人種與有色人種相處最好。

362 電視節目真好看。識字越少的人看起來越起勁。

諷刺電視節目的人不少。一位美國學者住進一家賓館之後，要服務生把他房間裏的電視機搬開。服務生檢視之後說：「電視機沒故障啊！」學者說：「正因為沒故障，才要你把它搬開」。換句話說他老人家實在不愛看電視節目也！諷刺得妙。另一位先生說：「電視節目真好，閉起眼來聽像廣播節目一樣」。所以，知識程度越低的人越愛看電視，「大眾」傳播此之謂也。

363 鷹架之於建築物，猶如毛蟲之於蝴蝶，鷹架拆除後，美麗的建築物像美麗的蝴蝶從毛蟲裡蛻變出來一樣，脫穎而出。

許多自然現象以及「人為」的現象，頗具有異曲而同工的「暗示作用」，「鷹架」（大陸上叫「慕墻」！）與「毛蟲」二者即是「代表作」。鷹架沒什麼好看的，只是維護安全以利工程之進行；毛蟲更沒啥好看的，可是！一旦變成蝴蝶就非常可愛了——這好比「十年寒窗無人問，一舉成名天下知」。要想有所成就，非得埋頭苦幹不可，真是天公地道。

364 百萬富翁安慰乞丐說：「還是你好，無錢一身輕！」

「無錢一身輕」並非笑話。筆者多年以來始終沒有想過發大財，當真有「一身輕」之感。古代西方的一位哲學家說：RICHES DO NOT MAKE YOU RICH BOUT BUSY 有理。「財富並不能使人富足；而是使人忙碌而已。」善哉！沒有人情願做教化子，如果能夠生活不虞匱乏，足矣。

365 失蹤與死亡最大的不同是：失蹤往往是連屍首也找不到的死亡。

某人在某地遇難，救難人員發現了他的屍體，證明某人已經死亡。如果久久找不到遇難人員的屍體，又無法確知他是否死亡，這就叫做「失蹤」。文字是人類創造的，人類也使用他所創造的文字創作「名詞」，當真是萬物之「靈」嗎？

366「相對論」真是很有趣的學理，例如：越現代化越容易癱瘓；又如：越時髦的越容易落伍。

「相對論」，應該是我們中國老祖宗發明的，自古以來，我們就知道：男女、陰陽、前後、左右、高低、善惡、美醜、長短、內外……不全是「相對」的嗎？

我從不趕時髦，因為越時髦的也越容易落伍，真的！如果有一天全球大停電，落後地區的人一定比「先進」國人的人能夠「應付自如」，他們根本不用電，所以也癱瘓不了。

367一頭關在動物園裡的獅子抱怨：「這到底是個什麼世界呀！我這個世代相傳的純種獅子，卻沒有人介紹我加入國際獅子會！」

國際獅子會的原名英文縮寫是 LION，所以再加上一個 INTERNATIONAL，中文就成了「國際獅子會」——可是真正的獅子卻沒「資格」入會，難怪牠要「抱怨！」LION 是個很有趣的英文字，英國人是 THE BRITIBSH LION；而 TWIST THE LION'S TAIL 又特指美國新聞記者說英國的壞話，妙。

368 人生以光宗耀祖為目的，包括民族的列祖列宗在內。

人生在世，最大的成就莫過於「承先啟後」，如能進一步「光前」而又「裕後」，那就很了不起了。因此，大家都盼望他們的後代子孫成龍成鳳，光耀祖宗，光宗耀祖也就成為人類共同追求的目標了。不知那些傷風敗俗禍延子孫的人他們的人生目的何在？待考。

369 離鄉背井真苦，無家可歸更苦。最苦的乃是有家歸不得。

民國二十年代左右，西元一九三〇年代出生的，而又在民國四十年代逃出中國大陸的中國人，可能對於這三種「苦」頗有同感！我把這種心情記錄下來，給後世子孫「追憶」與「玩味」，要他們看看他們的「老祖宗」是怎樣生活的！

370 你既要享受人生，又想流方千古，最好的辦法是交結健談的作家。生前他們可以陪你聊天，死後他們又能把你寫成「聖人」。

十九世紀的大思想家愛默生認為，人生最大的幸福是聊天；所以，你要交結滿腹經綸而又健談的朋友與你聊天，共享人生。可是，如果這些朋友也是作家那就更好了。等你百年之後他們會把你寫成「一代完人」。如此既能享受人生；又能流芳千古，夫復何求？不過，你得比他們「先走一步」一笑。

371 太平年實在好。只是唯恐天下不亂的人覺得平淡了些。

「唯恐天下不亂」的人至少有兩種：一種人是歷史學者；另一種人是新聞記者。很不幸的是：我的大兒子少康正是歷史學者；小兒仲康和我乃是新聞記者！如此說來，舍下成了「唯恐天下不亂」的人家了，果如此，祈求上蒼保佑，這兩種人都是「記錄與報道人間大事」的，他們的「天職」所在，「責無旁貸」。如果天地間「平安無事」也就無「事」可記了。一笑！不過我們仍然祈求天下太平。

372 在人山人海的車站裡，擴音器裡播出請大家小心自己值錢的東西的警語。這時，所有的人都趕緊摸衣袋，祇有一位思想家摸腦袋。

思想家腦袋比常人的口袋更為重要，也更值錢。因為他們的思想與智慧存於其間，所以是無價之寶。

一位歐洲思想家前往美國訪問，美國海關他有甚麼值錢的東西應當納稅的，他說：「那只有我的腦袋，價值連城。」由於智慧無價也就「免稅」！善哉！

373 我最不願看別人的顏色。可是，今天要想穿越十字路口，卻非得看交通指揮燈的顏色不可。

看人顏色是很難過的、很委曲的！只有「奴才」非得看「主子」的顏色不可，所以人人不願做奴才，也沒有人看得起奴才：可是，今天一到大街上的十字路口，人人都得先看紅綠燈的顏色，然後才得安全通過也——虧得這是為了交通安全的顏色，為了自身的安全「看」也無妨。

374 資本主義與共產主義都有問題。資本主義的問題是，不勞而獲的人太多。共產主義的問題是，勞而不獲的人太多。

當馬克斯誤認本主義者是「剝削階級」時，沒想到天下真正的「剝削者」卻是共產黨人，到我整理這些「話」的時候（西元二〇〇六年四月），我在何南家鄉的親人，一名小學教師的月薪卻只有人民幣一百二十元（約合美金十五元！新台幣四百八十元！）相反地，資本主義國家社會福利完善，連失業的人也可以拿到救濟金。更不要說中國大陸上的犯人「參加勞動」卻拿不到一文錢了！盼望大陸上趕快改善人民的生活呀！

375 物質生活條件越好的人，越缺乏果斷力。我們走進公車之後，如果空位很多，往往難以決定究竟坐什麼地方最好。

物質條件越好的人，往往顧慮也越多。因此，也就缺乏果斷力。也許在公共汽車上最容易看到這種情況——空位越多，你越「不知道」究竟坐哪一個座位好——如果只有一個座位，你也就毫不猶豫地「搶」上去坐下。人性往往就在這個當口表露無遺。

376 旁觀者不一定清。

所謂「當場者迷旁觀者清」，不應該一概而論。這本來是「常人的看法」，智者不會「當場者迷」；而他卻能「當場者清」。你不妨就近做個「實驗」便明白了。

377 天氣隨上帝的脾氣變，人的脾氣隨天氣變，真是「天人合一」。

「天人合一」是我國歷來聖賢所期盼的人生最佳境界。你我可能「也」希望能夠天人合一，讓自己沒有白活。同時對人類社會也有所貢獻。許多人的心情隨著天氣變化，你身邊就可能有這種人！不過，這種「天人合一」的情況並不健全，最好不管天氣如何——自己心中保持「艷陽天」最好，祝福你！

378 整容的人真正該整的是觀念。

人的行為受思想觀念的支配，年輕女子整容已經可悲；年長女子整容更可悲。如果男子為了「英俊」而整容，簡直是愚不可及！這些人真正該「整」的是「觀念」呀！

如果一名年屆八旬的老先生也要把白髮染黑，這人的觀念也該「整」了！

379 我見過一位打呼嚕的高手，他經常把自己吵醒。

打呼嚕的問題，早已為專家們出了一道難題，這好比「夢裏乾坤」一樣不易解釋。也有人寫文章加以討論，也有人對這個問題提出見仁見智的看法，不過，如果某人打呼嚕能夠把他自己吵醒也好，醒來也就不再打呼嚕了。

380 台灣地區大學聯考即景：十萬考生十萬兵，一道試題一道關！

抗日戰爭末期（民國三十一、二年西元一九四〇初期），蔣委員長號召青年從軍，提出了「一寸山河一寸血，十萬青年十萬軍」的口號，成效極好！如今高中畢業生投考大學好像「上戰場」一樣，所以我才提出了這兩句「口號」，以「紀念」這一段「中華民國教育史」：「十萬考生十萬兵，一道試題一道關」。不過，近些年來台灣的「大學」真正如雨後春筍，據說：高中畢業生全部考上大學也填不滿「學店」的「金庫」！可悲。

381 好書出版，猶如好人出頭，天下的人有福了。

好友香港傳播學泰斗余也魯教授當年的大作「門裏門外」出版時，我寫一篇評介刊在專欄裏，開頭便說：「好書出版，猶如好人出頭，天下的人有福了。」如今，我但願拙著「人性與人生——學思隨感錄」也將會加入「好書」之列。

382 酒與「米湯」都會醉人。不過，醉酒的人要比醉於「米湯」的人容易清醒。

酒能醉人，盡人皆知；而米湯也能（甚至更能）醉人，人卻「不知」，問題就出在這裏。酒醉需經過一段時間把酒精揮發，人也就醒了；而米湯醉人由於「不知」，所以很難「醒」

過來呀！閣下如居上位，謹防醉於米湯！

383 失意時不忘志、得意時不忘形，必成大器。

這話本來是用來安慰與鼓舞我的一名學生的。他很優秀，多方面都很出眾，可是他卻升不了官！他來看我時，我就把這句話寫給他參考——效果很好。

閣下如果立志成大器，失意時不可忘了你的志向；得意時千萬不可忘形，祝你成大功！立大業！

384 法律如門鎖，防君子不防小人。

我們把門上裝鎖，把門外安裝鐵門，把窗外加裝鐵窗，卻心裏明白：「防君子不防小人」！

法律豈不是很像門鎖嗎？從「刑期於無刑」的理論看，守本分的人根本用不著法律的約束；而心存不規的人又有幾人不是「明知故犯」呢？君子自重；小人自不重！

385 我把英文的-ism 這個字尾，譯作「意識母」。

英文的一個字尾，**-ism**很好玩，它的發音恰巧和中文的「意識母」接近，東西文化相映成趣。只要記住這個發音，所有英文字帶有**-ism**字尾的，一定會記牢，久久不忘。請你自己找一些這類的單字吧，很有趣的。

386 沽名釣譽的人即令不會身敗名裂，也會聲名狼籍。

刻意沽名釣譽是很危險的！一個人如果自身的道德學問平平，一心要「造出一片天」，那就是自不量力。自不量力的人最累。即令不會累死，也會累傷！

量力而為不求聞達的人，安全性較高。至少不致身敗名裂。卻也心安理得也。

387 得失心重的人無論得失，一律是「失」！

為何？一律是「失」？為何？因為這種人一旦得到的生怕失去；失去的又盼著「復得」！如此「惡性循環」下去，那還有好日子過呀！？「塞翁」的哲學多麼可貴也多麼「實用」啊！

388 看不開的人最好看書——老康的書。

「老康的書」沒有什麼「大道理」；只有很多「小玩意兒」——有人把它叫做「小幽

默」。其實「幽默沒大沒小」，只要有趣便好。人，一定得看得開。看不開又該如何呢？「憂國憂民是「國家興亡，匹夫有責」的表現，其它的事都可以「讓它去」！看不開的朋友們，看書去吧！當然，不一定看我的書。

389 行有餘力助人者，善人也。行無餘力而助人者，賢人也。行無餘力尚需人助助人者，聖人也。

「助人為快樂之本」和「為善最樂」是同樣的道理。做善事總是好的，行善離不了幫助他人，無論是幫助一個人，或是幫助許多人，例如「修橋補路」興學建廟，都是在助人。有餘力有餘錢助人固然好，而自己僅僅可以自己夠用而再節衣縮食助人，更了不起了！然後，如果自顧不暇仍勉力助人者，非聖人莫屬也。

390 知識與修養在痛苦無告時最有用。

我們的知識和修養，都是要「保護」我們的。所以到了危難臨頭之際，一定要發揮知識和修養工夫的潛在力量，才可以渡過難關，邁向康莊大道。因此，你必須不斷充實自己，同時修養身心，正如「養兵千日」，俾能「用在一朝」也。

391 真善美的根本是真：真則善，真善則美。

人生難得一個「真」字！如果你遇見一位「真」朋友真心對你，真情實話送給你，你真太幸運了！你又如果遇見一位真心的朋友，異性的，兩情真心的相悅，真的結了婚成了家，真心彼此對待真幸福啊！唯真則善；真善則美，恭喜你！祝福你！你真棒！你的生命乃是真善美。

392 適可而止便是止於至善。

有一次演講畢，聽眾中有人問我：「何謂止於至善？」我靈機一動，應聲答曰：「適可而止便是。」不料，一陣沉寂之後，接著一陣如雷的掌聲，久久不止——「適可而止吧，各位！」我此語一出，方停了掌聲。真靈，聽眾「學以致用」真是「立竿見影」，善哉！

393 有學問的人不賣弄學問；講是非的人不撥弄是非。

我最怕在全是中國人的場合突然有人冒出來一兩個英文單字，這種人的英文程度普遍偏低，他們又唯恐別人笑他不懂洋文，所以「賣弄」一番，結果適得其反，越發表示他沒學問，同樣的道理，講是非的人絕對不會撥弄是非，這是天經地義的事。

394 Patient是個很富哲學意味的字，作名詞用時是「病人」；形容詞是「忍耐」——病人只有忍耐！所以我說：Being a patient, be patient！

在我中風之時！（西元一九八九年五月及十一月，先後兩次！）去台北榮民總醫院針灸時，我提出了**BEING A PATIENT, BE PATIENT**的說法，當時的「李白」二位青年大夫非常「欣賞」，爾後李大夫，一見便說：**BE PATIENT** 彼此成了好朋友，我如今仍在復健，只有**BEPATIENT**了。

395 我的「八字」是：百無禁忌，萬事隨緣。

當年同家人遊陽漢「歸元寺」，一出大門，迎面去來一大堆「半仙」「鐵嘴」，說我「很有福」，謝了他們，他們卻要我的「八字」，說是為我「批個流年」。我告訴他們我的八字真的是八個大字：「百無禁忌，萬事隨緣。」

君不見禁忌越多的人越痛苦嗎？

我這八個大字，一生受用無窮，也「享樂」無窮也。

396 無聊的話是最煩人的噪音。

所謂「無聊的話」乃是「言不及義」的廢話，沒有價值的「胡言亂語」，也就是大家常說的「瞎聊」。這種「瞎聊」實在是最煩人的噪音。

閣下是何等人？從你跟何等人聊天？聊些什麼話題？不難知道閣下的出身與為人，敢請閣下注意這個「人生的大問題」！避免說無聊的話才是。

397 幽默裏藏有真理。

蕭伯納說：「趣事背後藏真理。」也有人認為幽默是真理的輕鬆面，我也為「幽默」下過定義：「以輕鬆態度表達嚴肅真理的傳播方式，謂之幽默。」敬請高明指教。

各位想想看，如果幽默之中不含若干真理，怎能耐人尋味哩？！

399 不可輕信氣功。閉目養神就是最好的養生之道。

我在中國大陸上療養中風後遺症期間，曾經由氣功師為我「服務」，結果完全無效！後來在湖北醫科大學附二醫院（現改屬武漢大學，為中南醫院）的康復科當歸研究室注射當歸針時，特地向「氣功學」田教授請教，他說：「閉目養神便是氣功；其餘的全是花招！」感謝天地祖宗，我早就「無師自通」（姑妄言之！）了，我經常閉目養神。不過，當歸針的療效則是肯定的。我衷心感謝主治大夫楊萬同教授以及當歸研究室全體同仁！

400 成家易，成專家難，成大家更難。

人一結婚，不論男女就有了家，所以結婚又叫做「成家」。「成家」已經不容易，必須具備若干基本條件。而「成專家」也就更難了，必須先天與後天配合才行。最難的要算是「成大家」，也就是「大師級」的專家。多數人一生做不到。

401 現代人化粧的標準是越醜越美。

多年以來，我在大學裏或其它地方演講時，一再批評時下女孩子化粧的問題。最近芳鄰的女兒，剛從加拿大的某大學畢業回國在某補習班教英文，二十歲出頭，還是「美人」時期，而見她本來長的就很清秀，十分可人！不料，最近有天早上看到她「突然變得醜了，也老了一些！」教人十分難過。原來她開始化粧了！如今「專業」化粧最大的問題是：「先把女孩子的自然美破壞掉！」太殘忍了。中國大陸湖北省武漢市新娘化粧一人一次人民幣上千元！（這些店子多半是台商經營的，台北去的化粧師。真是「太殘忍」了！

402 根除煩惱種，深植快活苗。

煩惱有多種，也許是家族病！如果一個人生長在一個悲觀人家，那才不幸吧！如然，奉勸閣下全力以赴突破煩惱，凡事多往好處想，改變煩惱的種子，深植快活的苗子。

根除煩惱要從「把一切看淡」開始。讀一些振奮人心的好書。一旦讀書上了癮，快活苗自然深植矣！

403 富貴榮華莫非是彩雲一抹；漢武秦皇也不過歷史半章。

古聖先賢視富貴如浮雲，頗有見地。漢武秦皇一直到統治十億善良人民的毛澤東，能在整個人類歷史上佔幾許篇幅哩？！

看透了這一層，可除去得失心，自然也就自在了。

404 不忘本；不隨波。

我曾經用「忘」與「隨」二字寫下聯語：「忘年、忘憂、忘病、不忘本、不忘恩。隨性、隨和、隨緣、不隨便、不隨波。」這些話幫我渡過無數難關，突破無限困境。

這是我一生奉行的生活準則，對我的身心健康大有助益。聯中「不忘恩」之後，省略了「負義」、「不隨波」下面省略了「逐流」。如此省略似乎「更見工夫」；至少加強了「力度」。

405 笑解「禪之謎」。

我的同窗好友之中，黃丙寅與戴華山兩位大德對「禪」最有研究；丙寅寫了一部「破禪的智慧」。

我也有對「禪」的看法：「禪者纏也；糾纏不清也。具體地說，彈是無中生有、旁敲側擊、字裏行間、言外之意、似是而非，似非而是、似有若無的詭辯與遁辭之綜合話頭。」就請諸大德同修指教！阿彌陀佛！

406 且把折磨當磨練。

這是我在「病裏乾坤」（見拙著「小時了了活過七十」，頁一八二—二二二）以病為師。

所獲得的寶貴心得。如果我把「五場大病」（兩度中風；兩次胃出血和一次藥物中毒）當成折磨的話，可能早已「回歸自然」。而我卻「心狠一橫」，「且把折磨當磨練」，上天真的助我一臂之力，得以「百鍊成鋼」「化為」今天的「八旬少年」。

407 未經多次失敗而得來的成功很難持久。

成功需要許多主觀與客觀條件的適切配合而來，如天時、地利、人和三者缺一不可，便是。

而「失敗」卻真的是「成功之母」，一個「愈挫愈堅」的人，終於會成功的——而「得之易，失之易」的自然規律，卻不允許「得來全不費工夫」的「成就」能夠持久！天公地道也。

408 要開胃，先開心。

天下最難打開的「東西」是一個關閉的社會，人身上最難打開的「東西」是「心」！我害過很多病；唯一還沒有害的病就是「食慾不振」，因為我很「開心」。即令是「莫名其妙樂觀」（我妻的名言）也是好的。總比「莫名其妙悲觀」強多了——愛妻說我「很好餵」，無論她做甚麼飯菜，我一概「甘之如飴」也！感妻的大恩。

409 一個人到了「要甚麼有甚麼」的侍候，就「沒有希望」了。

做過皇帝的人只想成神仙！因為人間榮華富貴早已享盡，再也沒有希望了，只好夢想「成仙」。當年美國杜魯門總統說：「我想當一名交通警察——只有他才有權命令我這名總統的車子或開或停或左右轉或向前去，或向後退！」

410 只有病人才有機會享受「逐漸痊癒之樂。」

天下事沒有絕對的好壞，你的感受決定一切。

當我中風後的半年之內，右手不會寫字，不會用筷子、不會嗑瓜子……頗有「萬念俱灰」之勢！苦練一年，而在逐漸恢復手的功能過程中，「享受了逐漸痊癒之樂」，好生痛快！

腦子更「爭氣」——從中風後三度不能填一張表，到如今又可以一口氣寫一篇兩萬五千字的文章！樂也何如？！沒有生過病的人那有這種樂趣。

411 病人「復健」猶如「復活」，也可以說是「再發育」。

病中，我提出過自求多「復」的理論。很有用。同時，我也斷言「復健就是再發育」，又何嘗不也是「復活」呢？在這些「想法」支持之下，復健進入第二十個年頭（一九八九——二〇〇九）的今天，似乎比五十歲時候的健康好得多——至少「五十肩」「嚇跑了！」謝天地祖宗。

412 「失敗」不需要人助，你自己就辦得到。

這話乍聽真像笑話，可是，仔細玩味，可也真是「五味雜陳」的實話。古往今來，「招牌」都是自己砸的！例如工商業者，只要產品偷工減料「保證」失敗。成功需要群策群力；很不容易。而失敗不需人助，你自己「看著辦」便「好」！

413 「偏食」是人生「第一個偏見」！

偏食者多半不夠健康，雖然「偏食」可能「與生俱來」；然而後天的習慣仍是主要因素。也可以說：偏食是人生第一個偏見。

414 禁忌愈多的人痛苦也愈多。

我的「八字」是「八個大字」：「百無禁忌，萬事隨緣。」這是當年和家人到湖北漢陽的「歸元寺」數羅漢之後，應付廟前的一大群「半仙」和「鐵嘴」時的「即興之作」，可也真是我的人生觀、座右銘。因為我看到一些禁忌很多的人，似乎永不會快樂：這不好，那不對、這不吃、那不嚐、這個人不好、那個人太壞、天晴太陽大、天陰又太暗、夏天太熱、冬天太冷、春秋天不知道穿甚麼好。總之，甚麼都不對！所以，這種人也真令人同情也！

「百」無禁忌，加上「萬」事隨緣，我在精神上乃是個「百萬」富翁，也永遠破不了產，豈不是一生快樂逍遙？

415 『啦啦隊加油！』——豈有此理！

這是我寫的一句「歇後語」。

啦啦隊是專為別人（特別是競技場上的選手）加油打氣的，我們只聽到啦啦隊喊「加油！」那有喊「啦啦隊加油！」的呢？準此，如有人喊「啦啦隊加油！」他一定是瘋了！也可以說：「豈有此理！」

416 「戀」與「愛」是兩回事，戀是戀！愛是愛。

許多人把「戀」與「愛」混為一談，那是很危險的！難怪許多人一「失戀」便痛苦得死去活來。其實，失「戀」不必傷心，你並沒有失「愛」嘛！如果真愛，萬無一失。真愛「永垂不朽」也。

417 我打算寫一部「愛情的理論與實際」。基本理論是：「愛情是盲目的。」

「愛情是盲目的」這句話，是從英文譯過來的，原文是 LOVE IS BLIND。後來又有人加上一句：FRIENDSHIP IS NOT TO NOTICE。很妙！對照閱讀，相映成趣——「友誼也不是做給人家看的！」誠然。不過這話用英語說似乎更傳神。

418 父親對子女最大的恩惠，是愛他們的母親。對老婆孩子最大的傷害，是愛別的女人。

奉勸天下男子，熟讀牢記我這幾句真情實話，謀福家人，為善積德！愛你的老婆孩子，行有餘力「泛愛眾，而親人。」可也。

419 寬恕那個打擊你的人，他已經承認不如你了。如果能進一步憐憫他的無知與不求進取，更顯得你的厚道。

「厚道」是為人處世的無價之寶，不但使你心安理得；而且讓你福壽兩全。我一生緊守一個原則：「不抱怨；不報復。」無論環境如何，總是自在消遙。

420 有人問我：麵包與愛情哪一個重要？我反問他：自行車的前後輪哪一個重要？

人的一生，精神生活與物質生活同等重要。不過，偶爾也會發生若干「差別」，例如物質生活好了就盼著能加強精神生活，反之亦然。不過，根本上說精神生活實在比物質生活更為重要。

不過，這個道理也許暴發戶難以「苟同」！

421 我寧願過那「有啥吃啥」的苦日子；也不願過那「吃啥有啥」的好日子。

為何？因為「有啥吃啥」的苦日子雖然表面上看似乎「苦」一點；可是它卻使我堅強，而且充滿希望。而「吃啥有啥」似乎很「好」；可是它會使人隨落，而且似乎也沒有了希望，因為這種人一切都有了，「還要甚麼」？

422 培養思維力的利器並非數學；而是語文。

為甚麼？因為數學有公式；語文沒有公式。語文一有公式，便成了「八股文」。「八股文」不受歡迎，所以早就給淘汰了。敢請數學家與語文學者「同修」指教！也請專攻語文的「可畏後生」參考。

423 母語為一切知識之母。

這是全世界的知識界所公認的事實，所以各國的教育家「都」在為他們的母語「式微」耽憂，我們中華民國如何呢？

多年以來，只見大家拚命提倡學外語，尤其是學英語，結果學得如何呢？為何效果不彰？一句話：母語太差也！誰來「提倡學中文」？我要振臂高喊：中國同胞啊！『趕快舉行「全民中（文）檢」吧！』

424「方便」是「偷懶」的同義詞。

例如「方便麵」便是「懶人麵」。同理，中國大陸上的簡化字，也可以說是「方便字」，也就是「懶人字」！誰說不是？！

西元二〇〇五年十月某日，我應邀出席湖北省作家協會的一次學術會議，曾經「大膽」提出：「簡體字乃是專為那些頭腦簡單的懶人設計的，所以也就用簡體字培養出許出許多頭腦簡單的懶人！」當然有懶人反對。

425『三百萬台灣剛醒同胞，微先生何人領導；四十年祖國未竟事業，捨我輩其誰分擔？』

湖北省有一位先生，花了好幾年的功夫，傾家蕩產，跑遍大江南，蒐集了當年追悼　國父孫中山先生輓聯出版，請陳立夫先生題了書名：「輓中山先生聯選」，在大陸和灣台發行，頗受歡迎。這是十分令「我們」慚愧也慶幸的一樁大事。

慚愧的是，這件事竟然是一位對　國父非常崇敬、生活在中國共產黨統治下的中國大陸知識份子完成的；我們身在台灣的中華民國知識份子夠臉紅呢？！上面的這幅輓聯乃是當時

「北京大學台灣同學會」的佳作，特別令人慶幸也！今天的「台灣同學」連國父的「三民主義」也不要了，殊不知我們這些年都是「享的實行三民主義的福」呀！忘恩負義呀！也難怪天災人禍不斷了！果報也！

426 胃口不開的人往往以「開胃酒」或「開胃菜」引起食慾。

這是不得已的事，又何嘗不是生意人的賺錢花招呢？賣酒的人拚命勸人喝酒，千方百計巧立名目要你飯前先喝「飯前酒」或「開胃酒」；然後各色「配飯酒」，與飯同食，以振食慾。然後再上「飯後酒」，以助消化——如此，好像你的一切均由商人左右，你聽了，花了大把銀子，得到了「恭維」與「親切的服務」，回家發胖去吧！

多年前我在台北圓山大飯店看到一名侍者「讓」一名小女孩吃冰淇淋，他說：「妹妹，冰淇淋不要錢。」這女孩卻說：可是，我要命呀！」可敬可愛的小天使！

427 納稅防老。

常言道：「養兒防老。」這句話大概只有中國人——古代的中國人——承認，而且如今也早已「不靈」了！

我曾經提出「讀書防老」，今天又提出「納稅防老」的口號，似乎更為實際，而且真的有用——我如果不是過去曾任四十多年的公務員納了許多綜合所得稅的話，退休俸來自何處呢？納稅的確好。

同時，到了有資格納稅，才真正明白了小時候老師常常對小朋友說的「大話」：「兒童是國家未來的主人翁！」真靈驗。善哉！

428 即令是聖人之後，一個人從小也必須先啓蒙再逐漸學習，才會有知識，沒有例外。真箇是天公地道！

任何人生下來本是白紙一張，白丁一個。人人需要啟蒙，然後逐漸由淺入深，由簡而繁，從無知到有知。過程人人平等，連聖人之後也不例外，真是天公地道。至於爾後的成就，那要看各人的造化與努力而定，也是天公地道的。

429 學海無邊，回頭沒岸。

佛曰：「苦海無邊，回頭是岸。」我則曰：「學海無邊，回頭沒岸。」試想：若海既然無邊，怎能有岸？聖人感嘆「生也有涯，學也無涯」，正是「學海無邊，回頭沒岸」的同義辭。所以做學問要想有成就必須勇往直前，而且愈去愈遠也，這正是「學而後知不足」的道理。

430 我服用「四不一沒有大補丸」健腦強身，逍遙自在。

我這「四不大補丸」是：「不太忙；不太累；不太急；不太氣。」中庸之道，一沒有是「沒有奢望」。所以可以保持身心平衡，樂在其中矣。

請注意其中的四個「太」字。稍忙有益身心；稍累足以強身；稍急培養壯志；稍氣調節呼吸。能如此，也就「沒有」煩惱和怪病了。

431 二十萬幅輓聯可以視為「亘古一人」的「證書」。

你見過真正的「亘古一人」嗎？且舉一實例。

如果一個人死後得到海內外人士的二十萬幅輓聯去悼念他，很可以算得上「亘古一人」了吧？ 國父孫中山先生正是此人——詳情請參閱「輓中山先生聯選」一書。該書相當於「亘古一人證明書」！善哉！

輓聯的「質」與「量」，也可以看作對往生者道德學問與事業的「定論」——蓋棺論定，亘古一人！

432 醜化一名美女最有效的方法，是要她濃粧艷抹，再配上奇裝異服，便可。

我一再強調我的新發現，那就是今天的女孩子化粧，一直化到比她本來「醜」就滿意了！這是實情。各位稍加留意即可找到活生生的鐵證！有些女孩子本來夠美，可是她卻缺乏自信。無奈經過「專家」濃粧艷抹、再配上奇裝異服，把「自然美」破壞無遺，「醜態」自然出籠！當然，如不「濃粧艷抹」，化粧師的生意怎麼辦？如不加上奇裝異服，時裝業要怎麼活？

極少數的「聰明人」牽著大多數的「傻丫頭」的鼻子走，「誰」敢不從？

結果：這真是一個不折不扣的美醜不分的時代！嗚呼，哀哉，傻子！傻丫頭啊！暴發戶啊！有錢沒知識的「時代可憐蟲」啊！

433 有人問我青年人吃甚麼最好？我的答案是：青年人吃苦最好。

我非常為自己慶幸，青年時期吃過不少苦，吃苦使人堅強；吃苦使人忍耐；吃苦使人謙卑；吃苦使人看透人性；吃苦讓人瞭解人生；吃苦使人悲天憫人；吃苦使人安貧樂道；吃苦讓人隨遇而安；吃苦讓人明辨是非；吃苦使人逆來順受；吃苦使人樂善好施；吃苦讓人奮鬥不懈；吃苦讓人知足常樂；吃苦讓人埋頭苦幹；吃苦讓人飽嚐苦盡甘來的好滋味；吃苦讓人明白「一帆風順的人虛度一生」的真理；吃苦讓人出人頭地；吃苦讓人延年益壽；吃苦的好處「說」不盡；吃苦的好處令人一生受用無窮。

有志的青年朋友們，讓我們同心協力來吃苦吧！請接受我這「八旬少年」的祝福！享受吃苦之樂！享受吃苦之福！

434 當今若干政治人物患了三大絕症：自私症；短視症；幸災樂禍症。

不健全的政治現實，加上早熟的民主自由，社會付出了太大的代價！若干當政者自私、短視外加幸災樂禍，如何不遭天譴！？

435 身子好、記性壞，便是幸福。

「幸福」一詞，眾說紛紜。但是，如果你的身心健康，卻又不記怨仇，那真算是大福之人。

記仇是慢性自殺，永遠脫離不了暗生悶氣的死亡陷阱，何來幸福。除了國仇家恨，人與人之間的若干不愉快，趕快忘掉它，保持身心健康，快樂歲歲，幸福年年！

436 如果有人勸你「出去散散心」，你的天倫之樂便有了問題！

天倫之樂就在自己家裏，真正的「不假外求」。因此，一旦你需要「出去」散散心！那就很可能府上的「樂趣」出了毛病——何妨測試一番！？

437 宇宙間根本就沒有「時間」這種「東西」。

宇宙乃是一個「空間無限大、時間無限長」的「東西」，今天我們所說的「時間單位」諸如小時、分秒、一天、一個時辰、一星期、一個月、一季、一年、十年、百年……只是「人」便於說的某一段「甚麼」罷了，例如「一年」是說有三百六十五個晝夜或四個季節。對於缺乏「時間感」的人「時間」甚麼都不是！

438 「私生活」必須「事必躬親」，如需別人代理，那就慘了！

植物人或其它重病人的私生活必須別人代理，所以很痛苦。我寧願為別人推輪椅，卻不願別人推我的輪椅。（國際旅行時，登機與下機例外，我要節省體力。）

求知識更是私生活的重要部分，所以必得親自做，君不見時下學英文的人不少；學好的人卻不多，原因正是今天的「科技新產品」太多也太方便，剝削了人類「苦學」的權利而不自知也！

要想把英文學好，必須「事必躬親」，請你看著辦吧！祝你「永遠私生活自理！」也請你一讀拙文「苦讀英文七十年」（刊台北「中外雜誌」民國九十五年五月號。請你指教！）

439 八十歲學吹鼓手，未為晚也。

有些「老話」似乎需要加以適當的「修理」，才更適合。「八十歲學吹鼓手」就是其中之一。

五十年前的人平均健康情形與壽命，都比不上今天的人。因此，如果說有一位年屆八旬的「老人」牙能「關風」，中氣十足，而且生命力夠強，又想學點新玩意兒，為何不能學吹鼓手呢？

我們不是正在大力推行「終身學習」運動嗎？太棒啦！美國早已成立了「八五網球俱樂

部」，限齡八十有五才有資格入會，如此說來，八十歲學吹鼓手，豈不太年輕了？一笑。

440 青少年是人生的「準備時期」。

小時候，天天背誦「中國童子軍信條」：一、準備；二、日行一善、三、人生以服務為目的。今天回憶起來，我全部做到了，而且也能夠持之以恆，很為自己慶幸！

人在青少年時期，要全力以赴為未來的一切做好準備，包括「健康」在內。我非常感謝抗日戰爭時期初中開始接受軍訓，準備長大了打日本鬼子！後來入軍校，用上了少年時期的準備成果，又一次讓我「脫胎換骨」，從身心的健康，到做人、做事、做學問都要拜青少年時期的「準備有素」而得以「有所成就」。感謝天地祖宗！

441 從「除名」和「口罩」看「三十年河東、三十年河西」。

常言道：「三十年河東，三十年河西。」是說好事壞事不可能永久不變，總是好好壞壞，壞壞好好，在不斷地循環著。

又如富人不能永久富下去，窮人也不會一直窮下去。富貴貧賤總在不斷地更替、循環。如今「政黨輪替」亦然。這正是人生。

人人怕「除名」；而今天一個國家或地區能夠在SARS名單上「除名」，卻又是求之不得的好事！SARS災害之前，銀行錢莊不許人戴口罩進入；SARS來了，又規定人人要戴上口罩，才得進入某柴指定場所，真是「三十年河西」了！

抽煙是壞事；而消防隊員為了救火把屋子裏「濃煙」抽出來，又是「健康的抽煙」了！妙哉。

442 只有埋頭苦幹，才會一鳴驚人。

我們常拿下面的兩句話來形容「埋頭苦幹」的重要性：「台上一分鐘，台下十年工！」我們還用「十年寒窗苦，一舉天下知。」勉勵後進。

上述這四句話頗有異曲而同工之妙，總而言之，人間沒有天上掉下來的成就。

記得民國四十年代，我們在台灣常常唱：「莫等待，莫依賴，勝利決不會天上掉下來！」頗能振奮人心。

準此，我們也可以說：「只有埋頭苦幹，才會一鳴驚人」也。埋頭苦幹去吧！

443 煩躁是健康之大敵，百病之根源！

大凡身心健康的人很少煩躁；他們多半笑口常開，輕鬆愉快。而動不動就煩躁的人恰巧相反，我們可以說「煩躁是健康之大敵，百病之根源！」

煩躁對於心臟、肝、腎、以及消化系統均有傷害，因此，就成了健康之大敵！由於煩躁有害健康，一定會削弱一個人對疾病的抵抗力與免疫力，百病容易入侵！

我主張：「要開胃，先開心。」推而廣之，也可以這麼說：「要健康，先開心！」此「心」一「開」，百病「奪門」而去，健康也就保住了。

444 「人」與「鬼」二字，妙用無窮。

中國大陸上的知識份子乃是天下最痛苦、也是懦弱的中國人！毛澤東最能利用「秀才造反，三年不成」的「至理」，同時洞察中國知識份子的「卑賤性」因而毫無疑慮他百般羞辱與迫害知識份子，十分成功！

一位知識界的「有知之士」形容這種「迫害」是「毛澤東利用一批人不像人、鬼不像鬼的人；去迫害善良的人。直到把他們整成人不像人，鬼不像鬼為止！」這種「結論」只有身受其害而又能夠「挺」過來的「人」，才說得出來，這種「心態」，到今天「西二〇〇六年」依然普遍存在，中國大陸上的知識份子，依然噤言寒蟬！悲夫。

445 中國人何時煽起「中文熱」呀！？

大約在西元二〇〇一年吧，一名台灣的英語教師到大陸「若學」，在北平天安門廣場上，竟然集合了上萬人前來「學英語」，真是大笑話！大諷刺！大外行！大騙子！更可怕的是，今天阿貓阿狗都上台（電台）教起英語來了！

教任何語言，都不能用「佈道」的方式進行，那是騙人的！虧良心的！不道德的！要不得的！

台灣海峽兩岸的中國人瘋狂地學英語，這種「英語」熱似乎比SARS更難「退燒」，還有人拚命倡導「雙語教學」的！這也是騙人的！中國兒童為何人人需要雙語。盲從與無知不知害了多少人！

中國人的國文程度越來越低，有誰關心。何時會煽起「中文熱」呀？！

446 幹一行，像一行。

我們也許老早就習慣了「幹一行，怨一行。」我是第一個把「怨」字改為「像」字而把消極轉化為積極的人。

這一個字很重要，如果「怨」，那就對目前的工作很不滿意，似乎永無寧日，苦透了！而把怨字改成「像」字就大大不同了，「像」也可以說是「敬業」，至少不會「怨」了。

我曾經用這兩句話為題，寫了一篇八百字的專欄文章，後來台北「文經社」把它收入「八百字小品」；國立編譯館把它列入「國中國文教師手冊」，真「非始料所及也」。

447 不怨天，不尤人，自求多福。

當年我在「台灣新聞報」的「逆風畫廊隨筆」專欄的頭一篇短文，題目就是「不怨天，不尤人」。

因為不少人一有挫折，就要「怨天、尤人」，不願自己檢討！

一個不怨天、不尤人的人，多半體會到「自求多福」的好處，至少自己能夠不斷進取，把成敗得失的責任一個人獨自擔起來，這種人即令不是英雄；起碼也是好漢！

自求實在多福，我還把「自求多『復』當成病後復健期的「座右銘」，獲益良好！

448 無聊，怎麼辦？找一位談得來的人聊天可也。

大約在民國六十年代（西元一九七〇年），我把「無聊」解釋成「無人聊天」，頗受讀者歡迎，也成了好朋友的口頭禪。

我們的老祖宗真是聰明過人——超過外國人——為我們留下如此絕妙的好詞，真令人感激不盡。的確，只要有人與你聊天，你就不會覺得「無聊」，太妙了！不過，聊天必須和「談得來的人」，如果「談笑有鴻儒」的話，那就更好了。

可是，君不見：找配偶容易，找「談得來」的人難哪！

449 當仁不讓，理直氣壯、守正不阿！無欲則剛。

這四句話早已成了我一生為人處世的守則。除了敬畏上帝，宇宙間再也沒有可怕的東西了。但是，孝順父母、尊師重道二者，永遠是根本。如果離開這個根，那一切都將成為烏有。

也有些修養極好的人，主張「理直氣和」的；頗有道理。可是，我卻缺乏這種修養，因此，只要「理直」，無不「氣壯」——這在我「國際江湖五十年」當中，頗具「嚇阻作用」，中國人在國際事務上非常需要這股「傻勁兒」也！善哉。

450 余光中談翻譯：「左顧右盼，望洋與「嘆！」

譯事之難，難於上青天！這是我五十年前的感嘆：五十年後，覺得「翻譯之樂，樂無窮」

了！這五十年我從未中止過苦練翻譯（英譯漢——漢譯英），心得不少。也享受了其中樂趣很多。翻譯者必須精通該兩種語文，才會譯來得心應手而又傳神也。

而余光中先生的感慨是正確的，很有詩意。持「翻譯天地」雜誌時，曾邀我在台北市的「中華文化堂」演講：「舉例讀翻譯」；西元一九九一年我初訪北京大學時，與翻譯家XYZ（許淵沖教授）談翻譯，事後許老以「兩岸翻譯對話錄」為題為文，刊在一九九二年二月號「北大學報」紀念。

451 「奴才不敢！」的時代已成過去。

我們在歷史故事和古裝劇中，常常看到皇帝面前的「奴才們」對主子說：「奴才不敢！」似乎既可憐，也可笑。

如今皇帝走了，換上了總統、國家主席、還有女王甚麼的，再也聽不到當年的「奴才不敢！」了。

可是，不幸的是，雖然沒有人在皇上面前大叫「奴才不敢！」而「奴才」卻依然存在，只是這等「奴才」不再自稱「奴才」罷了，「主」「奴」的事實在依舊。有些人哪！奴性太重了些！

452 幸獲「三滿精神」，怎不感謝神靈！

有年秋天，大約是西元一九九七年，民國八十六年，湖北的骨董收藏家沙先生和李小姐約我去漢陽「歸元寺」拜訪大書法家、昌明大法師。這位高僧一見面，經過介紹之後，便對我說：「祝教授命大，具有三滿精神！」言下似乎頗為我這不速之客慶幸。

他告訴我：「三滿精神包括：精神飽滿；法喜充滿；功德圓滿。」我說功德圓滿！實在不敢當！他補充道：「你在台灣和海外的成就暫且不談；就是在大陸北京大學等等二十幾所重點大學講學不取分文！就已經是功德無量了。善哉！感謝天地神靈。任何人都想「神靈庇佑」，「人性」也。老康豈敢例外。

453 教友對他的宗教虔誠是天經地義的事——可是，篤信神靈可不能信到「不省人事」的地步。

教友對他所信仰的神靈應當虔誠；不過，如果他見人便「感謝讚美主！」或「阿彌陀佛！」或諸如此類的「三句話不離本行」的話，未免過份了些。

尤有甚者，只見神靈不見有人！我見過這種信教信到「不省人事」的「狂熱份子」，她要我常唸「感謝讚美主！」最近還進一步要我加上四個字：「感謝讚美主耶穌基督！」她的理由是：「宇宙間有許多的『主』，因此必須指明「耶穌基督。」我也照辦了。阿們！阿彌陀佛！（我的看法是，宇宙間諸神全是上帝的「部下」。）只要此「神」引人為善，保佑眾生，也就是了。

454 一勤百忍，諸事順遂。

人的一生，只要擁有兩個字就受用不盡了，這二字乃是：「勤」與「忍」。

不過，認識「勤」、「忍」不難；一生行之不渝，那就難了——有些人永遠做不到。

每年春節，舍下一定會貼上一幅春聯：上聯是：「一勤天下無難事」；下聯是：「百忍堂中有太和」。這是六十多年前在大陸家鄉的往事了，但今生今世忘不了了；而且一生勤勞，七十歲之後似乎也會忍了。還不遲，忍，果然好處說不盡！唐代大儒白樂天先生說：「孔聖之忍飢…古之為聖為賢建功樹業，立身處世，未有不得力於忍也。」記住：「小不忍則亂大謀？！」又何況，經書上說：「愛是恒久的忍耐」哩！我們的老祖宗也教訓我們：「能忍自安」！忍吧，朋友們！「老康的哲學」是：「一個人忍耐力強弱與他的智慧的高低成正比。」你看著辦吧。

455 我不讀「灰暗的作品」。

西元二十世紀與二十一世紀交界的這段時段裏，竟然有好幾名所謂「作家」和演藝人員或跳樓、或上吊自殺的！事後有人說這些人的作品多半是「灰暗的」。我真為自己未曾讀過這些作品慶幸！

按常理說，作家或明星，應該在某種程度上「以身作則」領導「群倫」才對；如果這種人動不動就「為情所苦」、「懸樑棄世」，連自己的問題也無法「自處」的話，怎麼能夠作出「高人一等」的表現哪？！準此，我無法對這等人的「遭遇」表示同情！請不要怪我「心狠」。總而言之，少讀「灰暗的作品」，最好不讀，保持心地光明。

456 在魚鱉蝦蟹的社會裏，最有教養的是「鱉」。

我們可以從「形式上」，得知「鱉」乃是魚鱉蝦蟹的社會裏最謙虛、最有教養的，君不見牠謙稱：「鱉」嗎？

你也許認為這是笑話；或是巧合。可是，鱉是由「敝魚」二字組成的，確是鐵的事實。誰也不能否認。

我們真要去請教那位創造「鱉」字的老祖宗，他老人家為何把這個字如此寫法？中原還有一句諺語說：「王八還有個鱉規矩嘛1」這就是說再卑下的人群中，也會有他們自己的「遊戲規則」，很不幸，如今上流社會卻亂了套，連個「鱉規矩」也沒有了。

457 傳統的中國女子「無才便是德」；今天的許多女子「無德便是才」了！

我國自古以來，一般認為「女子無才便是德」。表面看來，多少有點對女子不敬，而事實上，只不過是「鼓勵女子多做賢妻良母，少往外跑把家丟下來不管」罷了，乃是「男主外，女主內」分工問題的另一種說法。

從「陰陽學」上說，女子屬陰，以「不曝光」或「少曝光」為吉利。女權高漲，女子惟恐曝光不夠，以致陰陽顛倒，失去平衡，難怪聰明的「生意人」以「安親」為號召，大發市利了！也因此，我們最需要賢妻良母以安定社會，教養子女也！

458 「新人類」速寫——調寄「天淨沙」。

別墅、汽車、沙發；

啤酒、香檳、麻辣；

電視、電腦、電話；

要啥有啥；

獨缺真知教化！

今天自以為是「新人類」的人，最大的特色是在物質上應有盡有，無所不有；而他們所「沒有」的只有「真知」與「教化」！奉勸「新人類」猛醒。（嚴格地說，天下根本就沒有「新人類」！請三思。）

459 如今教授哲學的教師不少；哲學家卻難得一見了。

「哲學家」與「哲學教授」不可相提並論。

大凡在大學的哲學系執教的人，廣義上說一律是哲學教授或哲學教師；然而，這些人士只是把「古今中外」「諸子百家」的「哲學」對學生介紹出來，再加上若干自己的解釋罷了——真正能夠拿出他個人的「看法」的人卻不多見！

今天，在台灣的高等教育機構——大學——的密度之高為全球之冠，兩千三百萬人口竟然擁有一百七十多所「大學」（民國九十五年、西元二〇〇六年），真夠「熱鬧」；但是，這些「大學」的品質究竟如何呢？這可能也是個「哲學問題」吧！

460 用良心說話；為公益發言。

這兩句話是我研究「口頭傳播學」五十年來最重要的心得；也可以說是我對於「說話的人最高的要求——也是最基本的原則。」

說話要說「良心話」；說話的動機和目的，應以「公益」為第一優先，而不是以「私利」為出發點，這樣的「話」才有價值；說這樣的「良心話」的人才會心安理得，永遠不會後悔，永遠不會失言！也真正為後人所尊敬。

461 不可迷信科技——X光最多只能透視人體，卻永遠看不透人心。

這是當年為復興崗廣播電台的「老康這麼說」節目所寫的「序言」。我只是實話實說，似乎用不著多作解釋了。各位會心一笑之餘，不妨玩味一番，看看是否留有餘味？

462 古人雞犬相聞，老死不向往來；今人音嚮相聞，老死不向往來。

古人雞犬相聞，老死不向往來的原因，大半是由於當時的交通不便，加之民性保守有以致之。

而今天交通十分順利，而且民性也開通了，為何「音響向聞，老死不向往來」呢？

一棟大樓，住上三五十戶甚至三五百戶人家，彼此近在一墻之隔，彼此音響向聞，而卻由於大家忙著自己的事，連自己家的「親子關係」也得花錢委託生意人「代理」，那裏還有時間與近在咫尺的芳鄰往來呀！有人更將「芳鄰」改成「防鄰」，如今做「人」可真不易也。

463 萬般出於學問；萬惡源於無知。

我們的老祖宗真是聰明，他們說「萬般出於學問」，一點也不錯；沒學問的人一事無成。

可是相反地，萬惡卻源於無知！

歷史上的暴君，都是「自以為是」的無知之徒！如今還有這種人，仍然迷信暴力，窮兵黷武，害得民不聊生。由於他誤認權力即是知識，他就不求真知，一意孤行，陷人民於水深火熱之中，而他自己卻以為盡享物質生活即是人生的真樂，而不知真無知乃是萬惡之源也！

464 天災源於人禍！

大家人人都希望風調雨順，國泰民安；但是如暴政出現，往往會造成「風不調；雨不順；

國不泰；民不安！」（此謂「四不也！」）

試以中國大陸近幾十年（西元一九四九到二〇〇八年為例）來說天災不斷；察其原因莫不是人禍所成的——長江汎濫就是個代表性的實例。毛澤東目無上帝，刻意要「與天鬥爭」！他把本來調節長江水量的大湖一大片一大片填成陸地嚴重破壞了自然生態，長江怎能不汎濫？！

再者，由於迫害人民的政治鬥爭不斷，便造成餓死人的慘劇，連「天府之國」的人也吃不飽，不都是天災源於人禍的史實嗎？如有人說餓死人的日子是「自然災害」，他們是騙你的！真正的原因是「天災源於人禍！」

465上帝之下，諸神即一神。

我這個看法，肯定會遭到許多宗教界人士的抗議，早在意料中。

我的本意是說，上帝乃是宇宙的主宰，而且耶穌是主。準此，宇宙間凡是教人為善，言行以「聖經」為準則的一切眾神，均是上帝的臣子，在宇宙至高無上處，只有上帝。故曰：上帝之下，諸神即一神。

這又好比上帝是一國中央政府主席，其它眾神皆地方政府首長也，不亦宜乎？善哉！

附錄

當代名人書信選粹

——汝南王更生博士致汝南祝振華博士函「論真拙愚悟」：

振華鄉兄閣下：讀贈書《小時了了，活過七十》已一週矣。今午後小睡方足，春雨淅零，乍暖還寒時節，看最後〈附錄〉〈人生幾何〉，心有所感，真有「去日苦多」之悲！我鄉子弟渡海來台者多矣，而真能突破艱難險阻，猶立足於當代，作鍥而不捨，至老彌篤者，盱衡眼前，唯　閣下一人而已！

閣下以四十載之辛勤耕耘，成就了傳播學界的地位，名揚海峽兩岸。且每次登壇論學，無不語驚四座，以為天外飛來之佳句名言，如璣如珠，受到聽眾們之歡迎；而欲罷不能，給人留下言簡意深之迴響！

《古詩》云：「不識歌者苦，但傷知音稀！」劉勰著《文心雕龍》有〈知音〉一篇，其開宗明義就說：「知音其難哉？音實難知，知實難逢；逢其知音，千載其一乎！」亦有不勝唏噓之意。我們家鄉話說得好：「會看的看門道，不會看的看熱鬧。」今天人們讀書亦復如此，看熱鬧的多，看門道的少。此所以有「世少知音，文無定評」的原因也！

閣下大作有可稱述者甚多，「真」「拙」「愚」「悟」四字可以總括其大要與一生之成就。所謂「真」，即「率真」，《中庸》說：「天命之謂性，率性之謂道。」閣下之真，即率性而為，不矯不求，不忮不吝，不卑不亢，「富貴不能淫、貧賤不能移，威武不能屈」，此之謂「大丈夫」者，正是「真」的正解。近代談文學藝術者，常以「真」與「善」「美」，為藝術之真諦；其實三者之中，「真」為尤要。蓋非「真」不「善」，非「真」不「美」也。觀閣下書中各章，或復興崗受教育，或越南組團，或病裡乾坤，或留美深造，或與師友問學，或在復興崗辦報，大而至於軍國之事，細而至於個人之進退出處，那種胸無城府，快人快語，直如「黃河之水天上來」，千里一道，毫無半點心機。我記得在該書的一一九頁「病裡乾坤看紅塵」中，對昌明法師的談話，有「眾生芸芸，你見過幾個真人？」可謂禪意十足。我國大詩人陶淵明，一生不為五斗米折腰，說真話，辦真事，其〈飲酒詩二十〉劈頭就說：「羲農去我久，舉世少復真。」又有「此中有真意，欲辯已忘言。」今天說真話的人少，聽小話的人多，辦真事的人少，做表面工夫的人多；如此社會，如此官場，閣下之留學也好，工作也好，又怎得不一波三折，不令人為之扼腕而廢書長歎者幾希矣！

其次，是「拙」。這是閣下天生的本事，絕大本事。一般人任你有通天本事，想學「巧」

容易，想學「拙」，比登天還難。過去咱們河南老鄉老聃作《道德經》上下篇，其第四十五章云：「大直若屈，大巧若拙，大辯若訥」。國父孫先生也說：「巧者，拙之奴。」觀閣下卅八年來台後，就迷上研習「英文」一事而言，朝於斯、夕於斯，遊於斯、寢於斯，只要有一點時間，即將袋中預藏的英文單字、成語，取出默讀成誦，這種「人一能之，己百之；人十能之，己千之」的精神，就是閣下運用拙勁以抗取巧，用時間換取空間，用己力贏得外援的「大巧若拙」工夫。在「病裡乾坤」中，人多以病痛為人生苦事，而閣下獨能於病中，思得健康為人生之樂趣。二次中風，一次比一次嚴重，但一次比一次有會心之得。閣下用深呼吸使大腦充氣，以化解積久不化之鬱結。用運轉手臂千次，治癒兩肩之酸楚。用萬步競走，擦拭容器，洗刷地板的方式，治癒手不能寫，腳不良行之痼疾，這種「大巧若拙」之拙笨作法，非聰明智慧過人若閣下者，又有何人乎？今天聰明人的太多，拙笨的人太少，拙笨的人而又藏拙不欲人知者多，拙笨的人不藏拙，而又騰之於口，筆之於書，意欲「博施濟眾」者，只有閣下而已！閣下可謂「拙」中又「拙」之人也！

又其次，是「愚」。《論語・公冶長》篇記載，孔夫子誇讚衛國大夫甯俞，說他「邦有道則知，邦無道則愚；其知不及也，其愚不可及也。」以為甯俞能沈晦免患，故曰不可及。而非剖心之比干，赴難之岳飛，愚忠而已。唐朝柳宗元，古文八大家之一。因革除弊政未成，得罪既得利益者，於是一再遭貶。在永州刺史任內，他作了一篇〈愚溪詩並序〉；借「愚溪」自喻，抒發自己的憤懣與牢騷，譏諷當世賢愚不分，是非顛倒的社會現實。正所謂「黃鐘毀棄，瓦釜雷鳴；讒人高張，賢士無名。」嗚呼！今夕何夕乎？得結識閣下，因結識閣下又得讀閣下的贈書「小時了了，年過七十」。在耄耋高齡，寫下了一生與黨國同休戚，與台灣共甘苦的點點滴滴，孤臣孽子，椎心泣血，真有「皇恐灘頭說皇恐，零丁洋中歎零丁。人生自在誰無死，留取丹心照汗青。」閣下之大作，說是個人生活史可也，說是一部大時代兒女流浪之歌，亦可也。「人生是一連串的無奈！」「一帆風順的人，虛度一生」。尤其「離鄉背井很苦，無家可歸更苦！最苦的事，莫過於有家歸不得！」我認為「流亡在外，窮苦無告，尤為苦中之苦！」「老來悲秋強自寬」，我不覺得閣下喜笑怒罵的文章，是自我「寬解」、自我「幽默」，其實是「笑中帶淚！」「默中含悲！」多少辛酸！多少淚水！堆積而成的三百多頁洋洋巨著，有多少人知道作者「酸、甜、苦、辣，五味雜陳」的鄉土之情、黨國之情、家庭之情，以及那愛鄉、愛家、愛國、愛黨、尊師敬長之無限悲情！只有「淚向肚裡流、含笑向人間」。閣下的人生悲歌，真正心知肚明者，又有幾人乎？此閣下之又一「愚不可及」也！

最後，是「悟」。佛家講「頓悟」和「漸悟」。我國孔夫子教學生不談「悟」，強調「力學」。所謂「知止而後有定，定而後能靜，靜而後能安，安而後能慮，慮而後能得」，「定、靜、安、慮、得」，為進德修業的基本工夫。我觀閣下平生功業，均由「覺悟」中來。然後得之於己，會之於心，發之於口，行之於事，無一分倖致，一分偷懶！孟子於〈離婁〉篇勸人「深造自得」，以為「自得之，則居之安，居之安，則資之深，資之深，則取之左右逢其源。」閣下之今日遨遊四海，走遍天下，講說大陸廿多所高等學府，提供大陸港台各大報紙副刊短篇、巨文，或擔任香港林太乙女士主持之《讀者文摘》中文版之譯介，以及參加中外各國際學術研討會，而即席發表高論，贏得世界多國學者之讚許者，原因為何？一言以蔽之，曰「悟」，曰「了然於心」。故能逞口舌之利，先覺覺後覺，先知覺後知，達成聲震學壇，名揚遐邇之成就也。數年以來，台北流行「名嘴」一事。「名嘴」者，光說不練，只憑口舌之快，不辨實事之謂也。然而閣下非「名嘴」，乃是有實學，有其德，有其節，而又辦實事；所以「言滿天下無口過，行滿天下無怨惡」也。一個「心中了悟」，便是閣下事業有成之得力所在。

我國之言傳播而結果一事無成者，至聖先師孔子是也。他留下很多名言讜論，作為他授徒講學的張本。戰國時代的韓非，可以說是中國第一位研究說話藝術的人。他的〈說難〉和〈難言〉，以及〈內．外儲說〉中，埋藏太多有關這方面的理論和他的經驗哲學。司馬遷一生倒霉透頂，但他最心儀的就是韓非的〈說難〉。近代貫通中外的學者很多，但以　國父孫中山先生為巨擘。先生的《建國大綱》、《建國方略》、《實業計畫》，尤其《三民主義》，不僅是建國的至寶，更是喚起民眾的傳播寶典。更生愚魯，忝為閣下同鄉，又側身學術界有年，所知有限，學又簡陋，讀閣下書，長進甚多。以上四點，聊表受益之謝忱！欲言不一，

敬請

健康愉快！

同鄉弟王更生　上

二〇〇六年三月十六日

（轉載自二〇〇六年四月一日出版的中原文獻第三十八卷第二期）